24小時
全為己所用

以「心靈滿足」為目標的時間管理法

池田貴將——著　黃薇嬪——譯

**只要知道這些，
你看待時間的方式就會截然不同！**

☐ 每天製造5小時私人時間

☐ 把早上的時間當成神聖領域

☐ 發揮荷爾蒙的功能，不依賴貪睡鬧鐘

☐ 利用「15分鐘任務清單」填滿空檔時間

☐ 以「心跳數」控制專注力

☐ 把工作當成遊戲，大腦就會很快樂

☐ 週末安排「充電」和「充實」計畫

☐ 親自「動手做」，擴大時間價值

☐ 關閉智慧型手機的通知功能

☐ 下午利用重開機散步，幫助頭腦運轉

本書將介紹諸如此類，可立即實踐的方法！

時間管理就是
「設計未來」

2020年3月，世界衛生組織（WHO）宣布新冠肺炎為全球性傳染病，也改變了我們的日常生活。在此之前，「如何在最短時間之內完成最多的工作」，是時間管理的基本目標。然而，在開始自主居家、避免外出之後，在家的時間愈來愈多，人們如今更想問的是：

「現在這種生活方式要持續到什麼時候？」

當然，也有人早在全球疫情大爆發之前，就開始思考工作與生活的平衡問題；多數企業也施行過「勞動方式改革[1]」。但實際上，有多少人的生活真的因此而改變了呢？我想，絕大多數人仍然一樣過著忙碌的日常生活，早就因工作而精疲力盡了，沒有半點時間和力氣留給自己。

但是，當疫情使人無法外出，人們終於不得不在獨處時面對自己，也因此必須思考最重要的問題：

「我的人生，真的有工作就夠了嗎？」

「我在做的，是我想做的事嗎？」

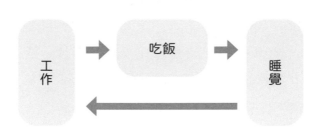

▎從全球研究中，精挑細選出最有效的方法

本書是為了幫助有心改變人生的人而寫。從全球各地的心理學、生理學、神經科學、行為經濟學等論文與研究中，精選出有助提昇幸福感的「科學實用建議」。

從任何一頁讀起都無妨，請由自己感興趣的題目開始吧。本書將從科學角度，說明感受到幸福和充實的原理，講解大腦如何受騙的機制，介紹快速完成討厭事物的啟動器，以便幫助你實現理想中的時間管理。

---

1 日本於2019年4月起推動《勞動方式改革關聯法》，目的為減少加班並鼓勵利用有薪假。

改變使用時間的方式，就是改變生活方式

假如你想要認真過人生，首先必須改變使用時間的方式。管理學之父彼得・杜拉克（Peter Drucker）說過——要瞭解自己的時間。而想要掌握時間的使用方式，就必須先「認識自己」。

假如你一整天有大半時間都在上網看影片，週末也不出門，只窩在家裡發懶，那麼一年之後，你不會有任何改變。

唯有瞭解自己在哪些事物上花費了多少時間，才會覺悟到：「我不能繼續這樣浪費時間了！」當你有了這種醒悟時，才能夠站上「新人生的起跑線」。

過去的時間管理與往後的時間管理，從根本上將完全不同。我們不能再像以前那樣追求：「在最短時間之內完成大量工作」，而必須將重點擺在：「我能夠讓心靈滿足的時間延續多久？」

本書向讀者們保證以下三點：

❶ 從哪一頁開始閱讀都可以

❷ 只篩選出最有效的點子

❸ 只介紹讀完即可實踐的方法

開始期待每一天的到來

　　尚未處理的未讀電子郵件及堆在桌面的文件舉目可見，把這些處理完後會很有成就感。因此，多數人往往認真回信，或熱衷於消滅文件堆，藉此獲得滿足。可是，你真正要做的，應該是規劃時間，才能朝向「眼睛看不到，只有自己知道答案的幸福人生」前進。

　　本書的目標就是在幫助你過著「每天一早只想趕快起床的人生」。你的每一天是否過得幸福，只要打開你的行事曆就會知道。

　　希望讀完本書的各位，也開始期待自己的「明天」。

contents

第 3 章　從小處開始節省工時：高效時間運用法

第4章　立即運用腦科學知識：以最高效率使用大腦

第 5 章　維持高度專注力：增加「時間密度」的方法

第 **1** 章

掌握時間的去向：
將時間可視化

你知道自己在一天當中，

有多少小時的「個人時間」嗎？

本章將介紹如何增加「個人時間」的方法，

以便能用來做你「真正想做的事」。

找出「被浪費的時間」

想要改變生活方式，就必須先知道自己在「什麼事」上，用了「多少時間」。我在「前言」中提過，管理學之父彼得・杜拉克曾建議大家要「瞭解自己的時間」。因此，我們的**第一步就是要先把自己使用時間的方式可視化**。

記錄時間是時間管理的開始

「感覺很忙，可是最重要的工作卻做不完」、「完全沒有自己的時間」這類情況之所以會發生，就是因為你不知道自己把時間用在哪裡。

因此，要先從記錄、分析自己使用時間的方式做起。記錄時間可以幫助我們——

☑ 瞭解自己的時間使用習慣

南加州大學心理學教授溫蒂・伍德（Wendy Wood）表示，

人的行為中，有60%是不自覺的舉動。既然有60％都是不自覺的行為，那就代表在一天之中有半天以上，只要沒有留下紀錄，你就不曉得自己在做什麼。

反過來說，假如你在行動時有所自覺，就有機會重新審視自己能夠增加多少時間，以及改變哪些花費時間的方式，可以充實人生。

☑ 發覺臨時的行動

如果能掌握自己的行程在什麼場合會改變，就能夠備妥 B 計畫。**成為菁英的條件是「擅長擬定計畫」**。光是懂得在意外發生當下妥善應對還不夠；即使當場處理好了，但下次遇到類似狀況，恐怕又會陷入相同局面。

例如：通常在午餐過後會變得比較散漫；或是只要去了會計部，就會被交代其他工作……諸如此類。為了掌控自己的人生，我們必須懂得事先計畫。

☑ 掌握實際作業的「真實時間」

我也是記下來之後才發現，原本以為「30分鐘就能做完」的事，居然花了「1個小時」，這讓我非常驚訝。**如果不實際做紀錄，你會忽略某些事情其實會耗掉你大量的時間。**

還有，不過只是寫一封電子郵件「而已」，卻花了40分鐘。這讓我不得不反省：「是否必須重新檢討做法？」進而想辦法改善。有時事後看了紀錄才發現自己「上廁所休息」花了30分鐘。我中途大概又去做了其他事情吧。

如果你有感於自己運用時間的方式很糟糕卻無能為力，這不是因為你不懂得管理時間，而是你還不清楚自己該如何正確使用時間，以及目前的時間分配中，哪些行為是浪費、哪些地方是缺點。我們就從這裡開始吧。

▌具體掌握你的24小時

首先必須做的，就是**記錄自己一週的生活**。包括「工作」、「飲食」、「睡覺」、「閱讀」、「YouTube」、「打電動」等。只要簡單記下來就行了，請試著把自己一整天的時間「用在哪裡」、「用了多少」都寫出來。

人生是每天生活的累積。你是否真的把時間花在自己想做的事情上？還是將大把時間浪費在不那麼喜歡的事情上？讓我們從瞭解這點做起吧。雖然要記下來的內容很瑣碎，或許一開始會覺得麻煩，或懶得提筆，但請務必要盡可能正確地記錄下來。因為一切都從這一步開始。

☑ 方法1：利用平常使用的社群軟體

比方說在推特（Twitter）上註冊一個不公開的私人帳號，把自己完成的預定事項全部列上去，就能夠按照時間軸來瞭解自己的生活。

這個方法的困難點在於，要把一天分割成24小時來觀察時間的使用方式，因此必須自行加總時間長度，以便計算。舉例來說，一天工作8小時的話，就等於一天的三分之一時間都用在工作上。

推文	推文和回覆	媒體	喜歡的內容

^__^ **timemanagement** @tokio
08:00 起床、洗臉刷牙、早餐

^__^ **timemanagement** @tokio
08:50 出門

^__^ **timemanagement** @tokio
09:30 抵達公司、開始工作

^__^ **timemanagement** @tokio
12:20 去吃午餐

^__^ **timemanagement** @tokio
13:10 回公司、泡咖啡繼續工作

☑ 方法2：愈來愈多人使用！網路行事曆

與推特用法相同，把自己的行程寫在網路行事曆上。寫完一天的紀錄後，可以轉換成以時間軸顯示的直式畫面。回顧時，用不同顏色標示出覺得是浪費時間的項目，並從下週起擬定「這段時間要這樣用」等的新策略。或是用 Excel 自行製作行事曆也可以。

	週一 11	週二 12
上午 7 點		
上午 8 點	起床、上班 7:30～9:00	起床、上班 7:30～9:00
上午 9 點	開始工作、製作會議資料 9:00～10:30	檢查電子郵件 9:00～ 製作會議用資料 9:30～10:30
上午 10 點		
上午 11 點	跟同事聊天 10:30～ 回電子郵件 11:00～	開會 10:30～11:30
中午 12 點	打電話預約拜訪 11:30～12:30	搭車 11:30～
下午 1 點	午餐 12:30～13:30	業務會商 12:00～13:00
下午 2 點	製作客戶用資料 13:30～15:30	午餐 13:00～14:00
下午 3 點		公司內部會議 14:00～15:00
下午 4 點	開會 15:30～17:00	製作客戶用資料 15:00～16:30
下午 5 點	公司內部討論 17:00～18:00	處理請款單 16:30～17:30
下午 6 點	下班 18:00～ 滑手機 18:30～	處理訂單 17:30～18:30 下班 18:30～
下午 7 點	晚餐 19:00～	業務會商→聚餐 19:00～23:30
下午 8 點	滑手機 19:30～20:30	

☑ 方法 3：種類豐富的手機 APP

使用手機 APP，同樣把每日活動記錄下來，就當作是在記帳，只不過記錄的是你花掉的時間。嫌麻煩的人或許適合用手機 APP 來記錄。

有的 APP 是以圓餅圖或長條圖顯示一天的時間比例，更能方便看出在哪些事情上花了多少時間。這個方法的困難點在於這些 APP 多半沒有可自行填寫的欄位，只能點選預設項目。不過，儘管無法記下屬於例外狀況的事情，大致上也足以應付大部分的時間花費方式。

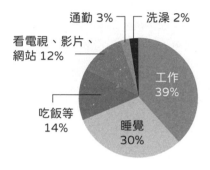

2021/1/13（三）

通勤 3%　洗澡 2%
看電視、影片、
網站 12%
吃飯等
14%
工作
39%
睡覺
30%

9 小時 10 分…39% 工作
7 小時 10 分…30% 睡覺
3 小時 25 分…14% 吃飯等
2 小時 55 分…12% 看電視、影片、網站
45 分…3%　通勤
30 分…2%　洗澡
5 分…0%　其他

🕐RECOMMEND!

推薦免費的時間管理 APP ！

Toggl Track：有 Android 版、iOS 版。開啟 APP，按下項目，計時器就會啟動，再按一次就會停止計時，用來記錄很方便（項目名稱也可變更）。可以從依顏色區分的時間軸看到自己的紀錄，一目了然。

MyStats：這個 APP 可以記錄每 5 分鐘的內容，忘了記錄也可以回頭補充，還能選擇以圓餅圖或長條圖顯示。尤其圓餅圖，一整圈代表 24 小時，可以一眼看出一天的時間比例，相當方便。除了時間之外，還能利用折線圖管理體重、肌力訓練等目標。目前只支援 iOS 系統。

☑ 方法4：動手寫下紀錄

這招推薦給習慣使用手帳管理行程的人。選擇以日為單位的直式手帳，不但**書寫方便，還可以把例外狀況寫進去**。雖然最後必須自行計算時間比例，不過，事後採用不同顏色標示不同項目，同樣能夠一眼看出時間的使用方式。

☑ 以15～30分鐘為單位

如果使用推特記錄，無須考慮時間單位。使用手帳和網路行事曆的話，基本上已有固定的時間單位。我最推薦的方式是以15～30分鐘為單位記錄行程。

一旦開始實行，你會發現人類是非常缺乏專注力的生物。往往等回過神來，才發現自己正在上網亂逛或瀏覽網路影片。這些事情也全都必須誠實地記錄下來，這樣你才會好好注意到。**只靠記錄行程，就能自然而然留意到自己是如何花費時間的，而這正是最棒的部分。**

當然，如果手機 APP 和手帳的規劃難以用15～30分鐘為一單位，也可以用1小時為單位記錄行程。持續記錄一個禮拜，就能夠看出自己花費時間的方式了。

🕐 POINT!

我特別希望各位能明白，「目的不在於記錄本身」。一旦太講究記錄，反而會過度注意數字，而忽略了數字代表的

事實。如此一來，早上醒來就算神清氣爽，還是會想著：
「啊，我昨天只睡6個小時就醒了！這樣是睡眠不足！」
你不相信「身體的感覺」，反而在乎「紀錄上的數字」，這
樣就本末倒置了。請別忘記，記錄只是時間管理的手段。

話雖如此，養成記錄的習慣，能夠讓你使用時間時更有
自覺，回顧時，也不會再有「我在那2個小時到底做了什
麼？」的情況發生。同時，也會養成刻意去看時鐘的習慣。

為你的時間貼標籤

做完一週紀錄後，你有什麼感想呢？

或許很多人會發現自己花了太多時間在工作上，或是注意到，自己沒把時間用在想做的事情上。為此，讓我們先回過頭來為時間貼上「標籤」，找出需要改進的地方。

▍你有多少私人時間？

在此必須留意的是：**瞭解一天當中能夠自由使用的時間**。我相信多數人從早上出門（或開始工作），直到工作結束為止，包括午餐時間在內，都沒有保留給自己的個人時間。

不妨算看看一天24小時裡，扣掉工作相關的時間之後，包含睡覺、吃飯在內，你能夠自由使用的時間究竟有多少。另外，一週裡或許有幾天有固定安排，也有不加班的日子。這些狀況也都要事先掌握，更方便往後安排行程。

☑ 請思考：「可以再增加幾個小時？」

2021年1月，經濟合作暨發展組織（OECD）針對工作與生活平衡進行了調查，結果顯示，全球40個國家，每人每天的個人時間平均為15個小時（包含睡覺和吃飯），日本則是平均14個小時。日本人的工作時間在40個國家當中排名前5，使用在個人與健康的時間卻很少，僅排名第35。因此，日本的生活滿意度，在滿分10分中僅有5.9分，也低於OECD的平均值6.5分。由此可見，**生活滿意度與個人時間的多寡呈正相關**，而只要改變使用時間的方式，就能夠改善生活滿意度。

我心目中的理想行程是——早上8點～下午2點火力全開、完成工作，**剩下的18小時，則是私人時間**。你覺得如何？

我想，多數人在公司工作，都有固定的上下班時間。請試著計算看看，如果扣除最低限度的工作時間，你能夠擁有多少小時的私人時間呢？

假設公司的上班時間是至少8小時，那麼，一天之中你應該有16小時可以作為私人時間。如果是推廣遠距工作的公司，也許還能爭取到更多私人時間。

▎必要時間、主動時間、被動時間

充實人生所需要的，不只是足夠的私人時間，如何「善用時間」也很重要。我把私人時間分成以下3類。

- 睡覺、吃飯、洗澡等的「必要時間」
- 嗜好、進修、上健身房運動等的「主動時間」
- 上 Netflix、YouTube 等影音網站、社群網站、打電動等的「被動時間」

請將這些項目分別以紅、藍、黃等顏色做區分，看看你在哪些項目分別花了多少時間呢？

原則上，最平衡的比例是：睡覺吃飯等「必要時間」是9 ～ 11小時、嗜好等「主動時間」是3 ～ 5小時。至於「被動時間」，最好低於1小時。

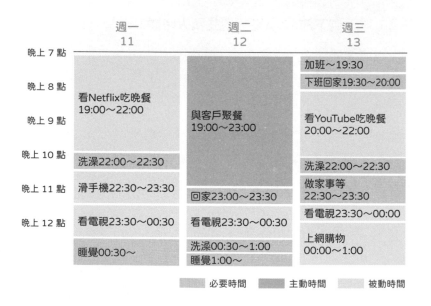

換句話說，**如果一天當中「被動時間」超過2個小時以上，恐怕必須改善。**當然，假如你是出於特定目的而上社群網站，或者看影片就是你的嗜好，那就不算數。打電動放鬆我也很贊成。這種情況下，看影片的時間、打電動的時間，請列入「主動時間」而非「被動時間」。

但是這類 APP 和電玩遊戲，都會讓你的大腦想要繼續下去。**根據 Netflix 的調查結果顯示，61% 的人只要開始看第一集的節目，就會一併把第二集到第六集也一鼓作氣看完。**另外，美國的 NBC News 也表示，大腦在連續觀看影片時的狀態，跟毒品上癮者一樣。

也就是說，原本是有目的才開始看影片，卻在不知不覺中，連原本不打算看的內容也一併看了，最後延長了「被動時間」，這就成了問題。我相信每個人都有過同樣的經驗——原本只打算看一集連續劇或動畫，看完一集後卻沒有停下來，反而連續追劇追了好幾個小時。

這就是利用大腦特性建立的機制，單靠意志力無法戰勝，畢竟對手是矽谷天才投注幾百億美金所打造出來的系統。面對這種情況，我們也必須找到避免陷入這種循環的因應對策才行。常把時間花在看網路影片和網路新聞等的人，請務必試試下一頁介紹的步驟。

如何減少被動時間？

一不留神才發現「都已經這個時間了！」這個狀況的罪魁禍首之一，就是社群網站和 YouTube。一點開網頁，便看到大家都在試用最新產品，或介紹新推出的服務，讓你覺得自己也該瞭解一下世界的最新潮流，於是不斷地往下滑，或是點開畫面上一個接著一個出現的連結。

小心！別踏入隨機報酬的陷阱

心理學家賽勒（Michael Zeiler）表示，**以意料之外的方式取得的報酬，比起透過既定方式取得的報酬，會讓大腦更開心，這是大腦的特性之一。**

賽勒將鴿子放入一個按下按鈕就會掉出飼料的箱子，並透過改變「按按鈕掉出飼料的機率」，進行實驗。結果顯示，當掉出飼料的機率為 50 ～ 70%，鴿子反而會更積極按按鈕。換句話說，按按鈕 10 次之中，有 3 ～ 5 次不會有飼料出現。

這個道理就跟賭博一樣，**偶爾會中獎，反而更能夠挑起興趣。**

你所按下的各類報導連結，不見得全都是有趣或有益的內容，但正因為偶爾會看到好玩或令人驚嘆的報導，所以反而戒不掉上網亂逛的癮。在 YouTube 瀏覽一支又一支影片，也是基於同樣的道理。問題就在於根據研究顯示：**即使花在娛樂上的時間相同，沒有目標的被動時間所帶來的幸福感，遠不及自主玩樂的主動時間。**

在以 8 ～ 12 歲孩童為對象的實驗中發現，花時間主動活動身體的遊戲方式，比起看電視或影片的被動時間，更能感受到幸福。而且，被動時間通常會**搭配其他行為**一起進行，例如一邊喝酒或吃零食，一邊上網等等。

請照著下列步驟試試看吧！減少「被動時間」，就能切斷負面的循環。

▎利用腦科學原理，三步驟避免「契機」產生

請依序按照以下三個步驟進行。

1 如果一週中的被動時間超過14小時，請做出記號。
2 找出引發被動時間的「啟動器」。
3 改變環境，避免「啟動器」出現。

引發某個行為的契機，我們稱之為「啟動器」。啟動器分為兩種。第一種是內在啟動器，即「自己的身體就是啟動器」。例如「肚子咕嚕響」是啟動器，啟動了「想吃零食」的壞習慣。

另一種則是外在啟動器，也就是「你以外的某個東西是啟動器」。比方說，「LINE 發出通知聲」是啟動器，啟動你去「碰手機」這個壞習慣。**而變成習慣的各種行為，就是由內在啟動器和外在啟動器的一連串作用所造成。**

最常見的例子就是「疲勞」。這個內在啟動器讓人聯想到啤酒，進而引發「打開冰箱」的行動。此時，「看到啤酒」的外在啟動器，又使人聯想到「消除疲勞」，而打開啤酒的「噗咻」聲，則成了欲望獲得滿足的預告，於是伸手拿起啤酒。接下來，因為酒精而變得遲鈍的腦袋，就會被動地接受連續播放的網路影片內容。

在這種狀況下必須改變的，不是「不看影片」或「不喝啤酒」，而是**必須採取不一樣的行動，阻止內在啟動器「疲勞」，與外在啟動器「打開冰箱看到啤酒」產生連鎖反應。**

▍輕鬆變更「啟動器」

你可以「把氣泡水放在冰箱裡」取代啤酒，藉由改變環境，就能夠阻止一連串的連鎖行為發生。

此外，疲勞時想喝啤酒，有時也是因為身體想要。酒精會使大腦的新皮質[2]反應遲鈍，活化主司情緒、食慾、性慾等本能的部分，因此，人一喝酒就會精神亢奮，充滿活力。另外，葡萄酒、威士忌等酒類的香氣也具有放鬆效果，而啤酒所含的啤酒花香氣，也有穩定心情的作用。

不過呢，**其實放鬆與穩定心情的效果，也可以透過運動或泡澡等其他方式獲得。**

你可以試著聽節奏輕快的音樂，並提早一站下車走路回家。心跳加快，自然而然就會使你的精神亢奮，充滿活力。或許，你會認為這些事情在疲勞的時候做不到，但根據目前的研究結果顯示，運動反而會讓你更有活力（請見 P.136）。

改用具有放鬆效果的香氛入浴劑悠閒泡澡，也能獲得相同的功效。因為香氛會直接對大腦發揮作用，幫助調節自律神經與荷爾蒙。

像這樣變更行為，避開啟動器，就能夠減少被動時間。

---

2 大腦皮質層的一部分，負責語言、計算等認知功能，是讓人類能夠社會化、融入群體生活的腦區。

☑ 想像自己如何度過完美的一天、完美的一週

另外，主動提醒自己想做的事情，也能夠減少被動時間。我會定期條列式地寫下：「我想要這樣度過一週」。這麼一來，我就會——

- **想看更多書**
- **想花更多時間跟家人相處**
- **想要接觸更多工作以外的世界**

像這樣，把想做的事主動寫下來，就能夠因此而看見自己認為重要的事物。讓想做的事盡可能地明確化，就可以依據這些，開始進行自己理想中的規劃。

你的時間，由你決定

即使獲得財富和名聲，也不會提昇幸福感。儘管我們不自覺地會將財富和名聲視為目標，但實際上各位應該都知道，不管獲得多少金錢，還是有很多富豪沉溺於酒精或毒品，也有許多名人因人際關係的不安與自我厭惡而痛苦。

▍能提昇動力的目標是什麼？

正向心理學權威馬汀‧塞利格曼（Martin Seligman）博士認為，我們必須具備稱為「內在動力」的自主動機。相反地，「外在動力」則是周遭其他人給予的評價、報酬、懲罰等外力帶來的動機。擁有內在動力，才會對工作產生期待或好奇心，因而提高創造力和理解力，就算面對困難，也不會輕言放棄。

想提昇內在動力，必須出於個人意願選擇目標。也就是說，就算你達成公司或主管所設定的目標，也不會真正感到幸福。

☑ 自行設定目標

換言之，你必須自行設定「自己真正想要達成的目標」。我想，很多人在工作上都是遵從公司或客戶設定的目標，但我們要另外設定「自己由衷想要達成的目標」。正因為是自己決定的目標，才能夠提昇動力。

這一點，不管是在工作、健康或嗜好上都一樣。**唯有當「想要到達這裡」是自己的想法時，才能夠不畏艱難地堅持下去。**

☑ 從設定簡單的目標開始

當我們認為自己是「什麼都做不好的人」時，就會輕易放棄。相反地，當我們**覺得自己是「只要願意做就能辦到的人」時，就會提高動力。**該怎麼做，才能夠培養自信，認為自己「只要願意做就能辦到」呢？

要培養這類自信，不能一下子就設定遠大的目標。剛開始必須設定「只要努力一點就能達成」的具體目標，因為累積成功經驗很重要。一小步、一小步地體驗成功，實際感受到自己的成長，就能夠培養出自信，最後提升幹勁。

▍努力有回報，不見得是好事

我們可以藉由自行設定、達成目標以維持動力，但如果覺得「受到管束」的程度超過必要，動力就會下降。工作上有好成績，公司就會給予獎勵、報酬，但有時這樣反而會適得其反，降低我們的士氣。

我們不能忘記自己設定的目標；就算沒有獲得公司的認同，也要提醒自己，公司的認同與否跟個人的目標達成無關。

⏱ EXPERIMENTS!

美國羅徹斯特大學的心理學家愛德華・德西（Edward L. Deci）做了一項實驗。他把大學生分成兩組，請他們解謎，並跟其中一組學生約好，每解開一道題就會得到一份報酬，而另外一組則沒有任何約定。

結果，兩組學生原本都樂於解謎，但在知道條件之後，約好有報酬的那一組在沒有報酬時，反而不碰謎題了。

有了「解謎會有報酬」的約定後，大腦就把解謎視為「獲得報酬的勞動」，因此，樂在其中的心情與投入的動力也就跟著下降。

第 2 章

成為時間設計師：
規劃你的時間

思考如何運用 24 小時，

其實就是在思考該怎麼度過人生。

本章將介紹充實每一天，

並創造出美好人生的方法。

創造完整的「時間區塊」

　　應該沒有人不想把珍貴的時間花在嗜好上,以及與喜歡的人相處吧。但我認為,工作的時間也值得樂在其中。畢竟一天24小時,有相當大的比例——幾乎是三分之一的時間——我們都奉獻給了工作,如果認為工作是「忍受痛苦的時間」,那就太可惜了。

　　當然,並非每個人做的都是自己喜歡的工作。我是運氣好,因為在學生時代就創了業,才能夠從事自己喜歡的工作,儘管如此,也不全是愉快的記憶。

　　即使你做的不是自己原本想做的工作,但做著做著,應該也有覺得有趣的時候吧。如果還是不覺得有趣,反正都要消耗時間,不如讓自己產生以下的想法。

▌無論什麼工作,都能學到專屬技能

　　無論任何工作,做過幾年的老鳥,都會比菜鳥時期更懂得

這份工作的樂趣。**做愈久、愈覺得工作有趣的原因就在於：付出一定程度的時間後，我們便開始學到技能。**能夠學到技能的人，不只有職人或藝術家，業務有業務的、總務有總務的、人事有人事的、研發部也有研發的技能存在，要學會這些技能，必須付出某程度的時間。

回想剛進入公司的新人時期，大家都是按照上司的吩咐做事，或是只顧著趕上每天規定的業績目標。可是隨著經驗增加，逐漸會在工作過程中有些新發現，也能夠察覺到自己的成長。而這不就是工作的樂趣嗎？

演奏樂器是如此，運動也是如此。想要真正樂在其中，就必須具備某種程度的技能。工作也是一樣，即使自認為「工作大致都上手，可以獨立作業了」，但**有些工作技能，其實是建立在默契上才得以成立。**

報告的寫法、簡報的進行方式、與客戶在電話上的自在對話、談判時的閒聊等，這一切都是無法言傳的智慧結晶。這類事物，無法光靠重點教學或工作流程重現，想要學會就得跟職人、運動員一樣，實際踏入這個世界後，**透過仔細觀察而有所發現，再加入自己的調整，反覆進行測試。因此，勢必得付出一定程度的時間。**

▎時間碎片化，導致感覺更忙碌

然而，現在的職場分分秒秒都很忙碌，必須處理被交辦的工作、必須用電子郵件回覆顧客的訊息和緊急洽詢、必須接

電話、必須把問題轉給公司某人或自己處理，總體而言，能夠全心投入工作的時間一次不到5分鐘。

我們就這樣，被工作不停追趕，不得不犧牲「專注於某事的時間」。這讓我們無法靜下心來思考，也沒有閒工夫去觀察前輩工作的情況，只是不斷地處於「忙碌」中。

🕐QUOTES!

「把青蛙丟進滾水裡，青蛙會因為水太燙，立刻跳出鍋外。但是，把青蛙放進裝冷水的鍋子裡慢慢加熱，情況會是如何呢？青蛙習慣了熱水的溫度，等到想逃時就來不及了，青蛙會被活生生煮熟。就跟溫水煮青蛙一樣，我們在職場上絕不能習慣『不知不覺中的妥協』。」

——《未來工作在哪裡？》，林達・葛瑞騰
（Lynda Gratton）著（天下文化出版）

請捨棄「工作時間零碎是很正常的」這項妥協。只要繼續任由別人牽著鼻子走，你就無法擁有時間的自主權。下定決心，做到「自己的時間要如何使用，必須由自己決定」這點很重要。

▋只將時間和專注力，用在自己身上

磨練好某種技能之後，你或許有能力從事更高階的工作，

卻因為每天雜事太多，沒有力氣好好思索未來。找個時間，
好好整理一下想法，思考工作時間應該注意什麼吧。然後，
請留意不管做什麼，一定要保留完整的時間。

☑ 你想如何面對工作？

　　確立工作在自己心中的定位很重要。在我心中，生活與工
作息息相關，因此，我決定灌注人生最主要的能量。但我相
信有些人更重視家人，有些人想要投入嗜好，有些人則是想
要追尋夢想、成為小說家等。

　　不管從事哪種工作，即使耗費大量時間也無法保證一定會
幸福；如果你從事的是無論如何都無法喜愛的工作，請在心
中設下停損點，另外做好跳槽或副業的準備。

☑ 訂定公司業績以外的目標

　　你是否曾經想過，自己想要透過現在的工作成就什麼呢？
為了這個目標，你需要進修什麼？目前你又分配了多少時
間，在做這件事？

　　學習技能需要時間，但學會更多技能，你就會更加快樂。
想要提昇技能，就必須仔細觀察擅長那項技能的人，而且不是
只短暫觀察幾分鐘，必須透過企劃案般的完整形式，理解對
方是如何採取行動、面對什麼樣的狀況又會如何因應。觀察
之後，你應該會有些新發現，遇到問題也可以立刻提問。因
此，你必須規劃出一些用來觀察的時間。

☑ 勿忘玩心

忙碌的生活會使你失去「玩」的從容。無論何時都被必須處理的事情追著跑，就會開始追求立竿見影的成果，而對無法預期的企劃心生厭惡，害怕嘗試新點子；這些都是因為你認為自己沒有餘力應付失敗。

可是呢，工作也不是絕對不能失敗的吧。任誰一定都有過失敗的經驗。而且，**為了追求成果只選安全的路走，就不會有新發現、也不會有新挑戰**。請務必記住：當忙碌變成常態時，你就會被迫犧牲「玩心」和「創意」。為了保障從今以後，不管是私人時間或工作時間都能夠愉快度過，請把一天的時間，分成幾個大區塊。任何以「分鐘」為單位劃分的排程，都無法帶給我們幸福。

一天要有5小時私人時間

接下來，我們將具體談談該如何規劃行程。規劃行程最重要的，就是**在安排工作之前，先預留「私人時間」**。你總是打算「有多餘的時間再來處理私事」，結果大多數時候，往往沒空處理私事。只要工作一延遲，就會自動挪用私人時間來工作，或是你的私人時間都是被動時間，用來懶散地看電視或網路影片，一眨眼就用完了。

無論你的工作時間過得多充實，**本書的時間管理主旨就是要擁有足夠的私人時間才能夠提昇幸福感**，因此，請貫徹每天預留私人時間這項原則。

5時段區分法

以我來說，除了吃飯之外，我會把一整天的時間分成下列這5大時段，以確保每天有5小時的私人時間。

- 起床～ 8點
- 8點～ 13點
- 14點～ 17點
- 17點～ 20點
- 21點～ 22點半

☑ 起床～ 8點

這是早上的例行活動時間。我的早晨例行活動是運動、冥想、瀏覽報章雜誌、進修、完成「90分鐘重要任務」這五項。這是一天的開始，所以我安排能夠強化精力的內容。（請見P.126）

☑ 8點～ 13點

這是超級重要的生產時間。以我來說，就是進行寫作、研究、擬定事業計畫、決策等，需要非常專注，因此，我規定自己這段時間不處理瑣事。

☑ 14點～ 17點

吃完午餐後，腦袋有些遲鈍，所以我用來處理非做不可的規律性、機械化工作或整理文件。比起需要動腦的工作，這時候更適合進行「只要動手就能完成的任務」。工作結束後，就是自由時間。

☑ 17點～ 20點

基本上，我過了下午5點就不工作。我會關掉所有工作相

關的訊息通知，進入私人時間。有時會與朋友見面、有時去看電影、有時一邊悠哉泡澡一邊看書、有時也會用來進修英文或吸收新事物。有些人會把這段時間用來與家人相處，或是拿來看喜歡的電視節目也可以。

無論有多忙，如果無法保留像這樣的時間，就是有某方面出了問題的警訊。如果缺少能愉快度過的時間，人就會不知道自己為什麼要活著，所以這是最優先必須預留的時間。**一天當中，最少要保留5個小時這樣的時間。**

☑ 21點～ 22點半

這是晚上的例行活動時間（請見 P.140）。除了例行活動之外，我有時也會在睡前做做伸展，與身體對話。

像這樣大略分成五個時段的原因，就是要**訓練大腦產生自覺，知道「現在是做什麼事的時間」。**或許有人希望我提供更詳細的每日行程表，但各位可先依據以上的說明，建立大略的框架，內容可以彈性調整，會比較方便應用。

其實，要分成幾個時段都無妨，只有「工作前的早晨」、「中午之前」、「中午之後」、「睡覺前」這四個時段也沒關係。**重點是要養成保留私人時間的習慣，才不會一直沒完沒了地工作。**

找到「真正想做的事」

　　預留私人時間之後，再來找出能夠提昇幸福感的活動吧。話雖如此，我想應該有很多人對此感到頭痛，想不出「呃？我真正想做的事情是什麼？」而陷入窘境。

▎很少人知道「自己想做的是什麼」？

　　我們每天接受各式各樣外來的刺激，不停地改變，而這個世界也持續在變化著。堅持小時候的夢想，持續追夢，最後終於成功了——你或許也聽過這樣的故事，不過事實上，這些故事多半是主角成功之後，才穿鑿附會而生的。

　　就連赫赫有名的賈伯斯（Steve Jobs），在大學時也曾因為不清楚自己要做什麼而選擇休學。儘管如此，他還是一頭栽進英文書法課程裡，甚至後來運用在蘋果電腦的美麗字體上。由此可知，**時時刻刻燃燒自己的熱情很重要，別忘了點與點最後終將連成線。**

☑ 找到想做的事──來場「藝術之約」

著作在全球銷售突破400萬冊的茱莉亞・卡麥隆（Julia Cameron），在自我啟發名作《創作，是心靈療癒的旅程》中，建議大家來一場「藝術之約」，幫助自己想起真正想做的事。

⏱ QUOTES!

「所謂的『藝術之約』，就是為了培養自身創造力而特別保留的時間區塊，每週大約兩小時。（中間省略）一個人去逛大型雜貨店、去沙灘旅行、去看老電影、去水族館或藝廊走走……這些事情都需要時間，但不一定會花錢。重點就是花時間。」

──《創作，是心靈療癒的旅程》，
茱莉亞・卡麥隆著（橡樹林出版）

也就是說，用不著是「花上一輩子也要達成」的大事，**重點是更貼近生活、能夠啟發個人喜悅的小事**。一想到「真想再次吃到小時候吃過的中華蓋飯」，就立刻查食譜自己挑戰看看。一覺得「那家店看起來好棒！」就自己一個人出門走走逛逛。就像這樣，只要腦中一浮現「有點想嘗試看看」的念頭，就付諸行動。

順便一提，我試過拿出以前的水彩顏料，把想到的東西畫

在紙上，大概花了20分鐘左右吧，我覺得這麼做相當痛快。重點在於先別管畫得好不好或想給誰看，純粹為了實現「想做」的念頭而動手去做。亞里斯多德曾說過：**「理想人生需要的，除了行為本身產生的充實感之外，還需要不帶任何利益的行動。」** 即使目的不明確，有了「想做做看」的念頭卻不行動，人生就會愈走愈窄。

親自動手做，擴大時間價值

說到適合在閒暇時進行的活動，我的建議是選擇「親自動手做」的娛樂。美國蘭道夫馬肯學院心理學系主任凱利・蘭伯特（Kelly Lambert）在著作《親自動手做，治好憂鬱症！》（*Lifting Depression: A Neuroscientist's Hands-On Approach to Activating Your Brain's Healing Power*）中提到：「人類用身體全力以赴，達成目的後，就會感受到莫大的喜悅。自從人類遠離種田和手工業，只靠一個個開關按鈕生活之後，罹患憂鬱症的人就大增。」我想恐怕沒有人能夠對這樣的主張提出反駁吧。

親自動手做的娛樂除了務農、木工、油漆、編織之外，還有自行烘焙咖啡豆、烤麵包、做菜等。像我就是把做菜當成「藝術之約」的時間。親自動手進行需要專注力的活動，所感覺到的大腦運用方式，與坐在電腦前工作時完全不同，心情也會十分愉快。看到、吃到或使用親手製作的成品，也是讓人很有成就感的原因之一呢。

珍視每件「想做」的小事

原始的「藝術之約」，建議我們每週保留完整的2小時。我的建議則是**每天安排30分鐘手作時間**。在這段時間內絕對要遵守的規定是，必須「一個人獨處」，無須顧慮任何人，只要好好追求「自己的快樂」。

☑ 一天一次，與自己的「藝術之約」

我因為烹飪，而有了與自己獨處的時間，這也讓我感到快樂。以前做菜是「為了吃飯而做菜」、「老是吃外食對健康不好，所以自己煮」，有種義務感。但是自從我冒出「什麼都別想，來做自己想吃的東西吧」的念頭，並動手做了牛肉蓋飯之後，我發現做出來的料理特別美味；後來又有一次，我突然有個念頭：「想吃拿坡里義大利麵，來做做看！」就馬上做了，也同樣非常好吃。幾次下來，一個人做想吃的料理變成了十分愉快的時光。

儘管飲食必須顧慮到營養，不能每天只吃自己喜歡的東西，但我覺得把做菜時間當作「藝術之約」蠻棒的。

當然，我相信也有些人是把打掃、整理的時間，當成與自我對話的「藝術之約」。重點是別想得太複雜，用不著去思考「人生的目的是什麼？」等重大議題，只要純粹動手並且樂在其中就好。

☑ 每週至少有2小時獨處時間

另外，保障每週有完整2小時的獨處時間也很重要，能夠

提昇幸福感。可以外出購物或去逛美術館、泡溫泉，閱讀一直想看的書、去看場電影也很好。**重點是：請獨自一人進行。**也禁止把照片和感想上傳到社群網站等。重要的不是獲得他人的評語，而是獲得真正的自我滿足感。

⏱Tips!

當每天擁有私人時間成為理所當然之後，就會漸漸有新的發現，例如：「啊！我想試試那個！」、「我想讀這本書！」諸如此類。也能實際體驗到生活從「每天時間不夠用」，變成「每天忙著追求想做的事」。

利用「行動目標」，打造充實的一天

接下來，我將具體介紹一週的行程應該如何規劃。**規劃行程時，最重要的就是「擬定一週目標」**。設定與自己切身相關的目標，就能順利提高成就感與充實感。

▎在週末設定下一週的目標

如果是行政相關的工作，目標就是「下週的星期○之前繳交」。如果想減肥，目標就是「下週要去3次健身房」。如果是業務的工作，目標就是「下週要成功約到5家客戶拜訪」。如果想進修英文，目標就是「下週要背好4個片語」。

就像這樣，無論任何領域，都要每週訂一次目標。而決定目標時的重點有二：

☑ 開頭寫「下週」

寫「每週去3次健身房」，看起來相對缺乏決心，請改用

「**下週要做○○**」這種格式，訂下一整週的目標。

☑ 設定「行動目標」

要設定的目標，不是「簽下 3 筆合約」這種「結果目標」，而是「拜訪 5 家客戶」這類的「行動目標」。基本上，**我們無法控制結果，因此若以結果當作目標，付出的努力與達成的成果也不對等**。因此，請訂定「打算怎麼進行」的「行動」目標，否則無法發揮強制力。

行動目標只要去做，就一定會達成。只要能達成，下週就會湧現想要繼續下去的欲望。假如無法達成，也有機會重新檢視自己的時間使用方式。

☑ 每天都要重複檢視設定的目標

設定好一週目標之後，請寫在手帳或行事曆等隨時都能看到的地方。這樣做一方面是為了避免自己忘記，另一方面，也是為了提高完成時的成就感。

我在前面曾提到，我們必須累積一次次的成功經驗，提昇士氣。同樣地，能夠實現「這週去了 3 次健身房！」或「行動目標達成了！」下週就有幹勁繼續全力以赴，也會拉高實踐其他目標的動力。因此，在週末規劃下一週的行程表，是最理想的選擇。

┃ 小心「管他的效應」

只不過，即使成功完成行動目標，也不能一下子就突然拉

高難度。「一週三次能夠達成，所以下週起改成每天吧！」像這樣增加負擔的話，一旦無法達成，也會連帶降低對其他目標的動力。

這種情況在心理學上稱為「管他的效應」（what-the-hell effect），也就是說，只要其中一項失敗，就會對一切都自暴自棄。這種現象在戒菸和戒酒上最為常見。假設原本戒菸或戒酒了很久，卻因為朋友的慫恿，而在某天不小心破了戒。

結果，儘管實際上只是抽了一根菸或喝了一杯酒，卻覺得「我過去的所有努力全都白費了」，於是一口氣放下了所有自制力。減肥也一樣，只要一覺得「我可能不小心吃太多了……」就會繼續出現失控行為，吃下比平常更多的高熱量食物。

一旦陷入了「管他的效應」，就會無法靠意志力抗拒誘惑。因此，**行動目標的難度必須恰到好處，而且要以週為單位**。給自己足夠的時間完成目標，就算今天失敗，明天仍然有機會挽回；這點很重要。

把早上的時間當成神聖領域

在細分一天的預定行程時，可以先把事情區分成需要深入思考的工作（深度工作／ deep work）和事務性工作（淺薄工作／ shallow work），再進一步規劃。如此一來，將更有助於善用時間和精力。

▎重要工作安排在中午之前

將當天預定中最重要的事和深度工作安排在上午很重要，原因在於**人的意志力有限**。心理學家羅伊・鮑梅斯特（Roy F. Baumeister）曾寫書探討意志力，他表示，人的意志力在一天開始時最高，隨著「時間愈久」及「做出的選擇愈多」，會逐漸遞減。

處理完難題之後、忍著不吃甜食之後、煩惱完服裝搭配之後，我們自然而然用掉了意志力，結果就輕易地輸給緊接而來的誘惑，容易分心，表現失常。

> **Ⓠ QUOTES!**
>
> 「有許多實驗都證實，要持續維持堅強意志與自我控制，最終會筋疲力竭。勉強在某事上奮力一搏之後，接下來面對難題時，就會變得不想或難以自我控制。這個現象稱為『自我耗損』（ego depletion）」。
>
> ——《快思慢想》，丹尼爾・康納曼（Daniel Kahneman）著（天下文化出版）

日本腦科學家茂木健一郎在著作《聰明人的早晨時光》（脳を最高に活かせる人の朝時間）中提到，大腦有自己的黃金時間：「大腦活動效率最好、最活躍的時間，就是『早晨睡醒後的3小時』」。

這是因為透過睡眠，將一整天累積下來的「短期記憶」轉化成「長期記憶」後，大腦到了早晨就會重新設定，恢復成重新開始的空白狀態。另外，在吃飽後，大腦的飽食中樞受到刺激，表現就會顯著下滑，因此需要注意力和專注力的工作，建議安排在早餐之前進行。

換句話說，早晨應該優先處理的工作，不是檢查電子郵件或回信。**必須安排讓最耗精力的工作，在中午之前進行。**另一方面，**傍晚是專注力下降、意志力脆弱的時候，因此適合安排毋需過度深思的文書工作或行政工作等事務性工作。**這樣一來，一整天的工作就能順利進行。

開始工作前，先安排「私人時間」

話雖如此，中午之前經常要開會或處理前一天沒做完的工作，或是要完成上司指派的工作。如果你是自由工作者，可以在一定程度上自由安排，但如果是上班族，就沒那麼大的彈性。

這種時候，**必須在上班時間之前，安排「只屬於自己的時間」**。比方說，公司是9點開始上班，就可以將早上7點半到9點的90分鐘時間，設定為專屬於自己的神聖領域，打造專注進行重要工作的環境。

利用第二天一早接著完成前一天沒做完的工作，會比加班更有效率。**運用早上最清醒的大腦處理工作，成果會比傍晚時精力已經枯竭的大腦更出色**。原本加班3小時才能做完的工作，如果改為第二天一大早進行，應該1小時就結束了。

暖身就利用「簡單的工作」

當前一天沒有未完成的工作，可以睡飽又精力充沛的時候，隔天早上的首要任務，就是全心投入在當天最重要的工作事項上。

問題是有些人在一大早還無法發揮全力，這種時候，我建議**先做「馬上就可以完成」的工作，不但很有成就感，也可以當作暖身**。成就感能夠帶來動力，也可以作為接下來處理重要工作的緩衝。

☑ 運用大腦多巴胺，增強動力

任務一旦完成，就會產生一股快感。就好像在集點卡上蓋章讓人心情愉快，劃線槓掉待辦清單上已完成的項目時，不覺得自己更有幹勁了嗎？

| TO DO
資料製作
OK! | → | 完成一項，
幹勁提升！ | → | TO DO
企劃書製作 OK!
資料整理 OK! |

這是因為大腦會分泌多巴胺。也就是說，大腦**追求結束的「快感」，因此激發了對任務的動力**。除此之外，多巴胺還具有提高注意力、記憶力、士氣的作用，幫助大腦在面對重大工作時，能夠保持最佳狀態。

⏱ POINT!

待辦清單就是利用多巴胺驅動自己的機制，稱為「完成偏誤」。完成某事→產生幹勁→想要挑戰更困難的事⋯⋯這對大腦來說是很自然的流程，因此，與其用腦記住「非做不可的事情」，「寫在待辦清單上，完成之後就劃掉」的動作，更能夠提高接下來的行動力。

☑ 區分「開會日」與「不見客日」

其他做法還有在工作排程上，盡量把會議排在同一天，設定「開會集中日」與「不見客日」。搭車移動要耗費相當多的時間，因此，將外出的行程盡可能集中在同一天，會比較省時。

有些人可能因為遠距工作，不太需要外出。即使如此，我也建議把線上會議的時間盡量排在同一天。因為會有所謂的「線上會議疲勞」，人的壓力往往會在意想不到的地方累積。不妨在公司的共享行事曆上排入一些假定工作，確保自己的時間自由。另外，如果可以，**「不見客日（包括網路會議）」連續安排兩天的效果會更好**。這樣一來，就可以獲得完整的時間，更方便用來整理想法或深入思考。

週末計畫
在「週三之前」想好

　　難得的假日，卻成天穿著睡衣懶散度過，結果在一天結束的時候，非但沒有覺得「休息夠了」、「心情煥然一新」，反而後悔自己「浪費了一整天」。你是不是也曾經有過這樣的經驗呢？

　　這種放假方式，不但無法讓大腦休息，也沒辦法為接下來的一週補充所需的能量。為了有效利用週末，我們必須先想好**「週末專用的行程表」**。

▌錯誤的週末使用法

　　度過假日最糟糕的方式如下：

- **睡到下午**
- **一步也沒踏出家門（一開始就決定不出門的話則另當別論）**
- **一直滑手機或看電腦**
- **家裡很亂也沒有打掃**

- 為了忘記討厭的事情，從白天就開始喝酒
- 老是跟愛抱怨、愛妄想的人相處
- 不吃有營養的食物，只吃零食

　　以上的假日生活方式，只會帶來焦慮不安，造成心理不適，並且奪走你的充實感。

　　這樣說或許會讓大家感到意外，不過，**人類如果過得太輕鬆反而無法感到幸福**。懶散度過假日，往往讓人以為自己會感到輕鬆又愜意，但是事實上，多數人在睡前都會產生自責的念頭，心想：「哎呀，我又浪費了一天……」導致面對新的一週時反而提不起勁。

▌你需要「充電計畫」與「充實計畫」

　　自稱「宅」的人，我想有很多都是「放假就想待在家裡，不想出門」吧。問題在於，**人類是透過「行動」獲得充實感的生物**。光躺在那裡想著：「對我而言，幸福是什麼？」無法得到答案，必須實際起身去體驗，才能找到「屬於自己的幸福法則」。

　　因此，假如你尚未找到心目中最理想的假日生活方式，我建議將「充電計畫」和「充實計畫」的其中一項，納入每個週末的排程裡。

充電計畫		充實計畫	
按摩	健身	去書店翻好奇的書	
游泳	旅行	聽演講	參加讀書會
	牙醫	看書	報名英語會話課

☑ 利用「充電計畫」，進行保養維修

外出之前，雖然會想：「難得的週末，為什麼還要安排事情呢？」**一旦出了門，想法就會變成「幸好我有出門！」這就是所謂的「充電計畫」。**旅行當然包括在內，此外，還可以選擇按摩、上美容院或理髮店、去健身房或游泳池、找牙醫檢查牙齒，或是當天來回的溫泉之旅等，**能夠稍微提振精神的外出活動，請製造出事前已經預約，因此不得不出門的狀況。**

如果凡事都依到時候的心情做決定，一定會一不小心就發懶不出門，最後休假日又變成無所事事的一天。請試著出門走一走，你一定會慶幸自己這麼做。總之，儘管先動手預約就對了。

☑ 利用「充實計畫」，提昇未來動力

除了「充電計畫」，我也建議事先安排有助於自我成長的「充實計畫」。

逛書店、參加演講或讀書會、報名英語會話課等，去學習新東西，能夠實際感受到自己的成長，湧現期待下一週的活力。重點在於，**不能只選輕鬆的事做，而是選擇需要稍微耗費一些精力的事情**。因此，最好在筋疲力盡之前，安排好週末的計畫。最佳時間就是在一週的一半，也就是週三之前。

☑ 自我回顧，找到最理想的休假

若是有出門，回家後一定要記得回顧一下「自己現在的心情」。如果覺得心情很好、很放鬆，下禮拜也可以安排類似的行程；如果覺得不太適合自己，今後就避免安排這樣的行程。每個人的感受天差地遠，所以請重視「只屬於自己的感想」。**計畫完成後，也千萬不要立刻拿出智慧型手機上網**。不要忽略了「自己此刻感覺到的」坦率感想。

用這樣的方式度過假日，你也會更瞭解自己。休假可以撫慰平日的疲勞，是充實人生中不可或缺的元素。而面對三天連假等長假的度過方式，你也一定會隨之改變想法。

🕐 TIPS!

事先寫好「總有一天要實現的事」清單吧！這麼一來，在行程表臨時有空檔，或是安排週末時，就能夠把清單上的事情排進去。

例如：「想去看美術館正在舉辦的某個展覽」、「想去喝喝看新開幕的咖啡店」、「想去家具店逛逛，參考理想的房

間模樣」，諸如此類，只要一想到想做的事情，就把它寫下來，週末就有更多的安排方式。這也可以成為前面提到的「藝術之約」清單。

我會記下「總有一天要做的料理」，並附上食譜連結，或是「想一口氣看完的電影清單」等。這樣一來，不僅讓人更期盼假日的到來，也會期待清單完成的滿足感。列清單的過程本身，也十分愉快。

利用週末早上「重開機」

在找到最適合自己的安排之前，請空出假日的早晨，規劃回顧每週行程表的時間。

▌利用「一週回顧」進行反省

利用以下四個步驟回顧過去一週，我稱為「一週回顧」。

步驟如下：

1　這週完成了什麼？
2　沒有完成什麼？
3　一直想做、卻沒有完成的是什麼？
4　訂定下週的行動目標

透過這樣的回顧，能夠清楚確立「自己目前所在的位置」。回顧當中，也包括確認預留幾個小時的「私人時間」給自己？週末是否過得充實？

☑ 安排時間，客觀審視自己

因為大腦的慣性，一旦開始往前邁進，就很難中途煞車。**即使方向錯誤，大腦仍會選擇繼續重複熟悉的路徑，因為比較輕鬆**，所以一旦起步了，就會覺得半路停止很麻煩。你是否也發生過已經踏出一步，即使對路況不熟，也寧願自己亂走，懶得問人的情況？大腦就是有這種壞習慣。

當你自覺到自己吃太多或偷懶不做運動時，就會開始逃避站上體重計，避免讓心情不好。這種時候，「一週回顧」就能派上用場。有時你必須改變努力的方向，或是補足缺少的行動。請注意：回顧時不能以「日」為單位，而是必須以「週」為單位，才會看到問題所在。

☑ 發現你的行動模式

透過一週回顧，你能夠瞭解自己的處事模式。「做到、沒做到」，都只是一時的結果，但可以藉此**觀察出「自己通常都是以這種模式行動」**。

舉例來說，你會得到「這週的前半段全力以赴，到了後半段就逐漸睡到很晚才起床」；或是「行動目標在這週的前半段完美達成了，後半段反而缺乏動力，變得很散漫」等等的分析結果。這種時候，可以改在週三早上安排短暫的回顧時間，或是固定週三不加班，增加睡眠時間，藉此提昇下半週的活力。即使最後同樣能達成目標，但透過改變過程中的內容或模式，每天就能變得更加充實。

諸事不順一週的重新開機法

另一方面，如果這一週各方面都不順遂，我就會進行下列的調整。

☑ 上健身房或去慢跑，讓自己流汗

上健身房訓練完胸大肌，你是否會覺得自己所向無敵？（我會！）**運動可以降低壓力荷爾蒙，同時增加正向荷爾蒙**。對我來說，鍛鍊肌肉就是為了獲得這種感覺，至於健美的外表則是額外附加的好處。

有些人喜歡用跑步流汗來放空腦袋。只要能拉高心跳、促進流汗，就能夠幫助自己重新開機。也請各位試著找找看適合自己的方式。

☑ 利用按摩，調整自律神經

每天過著忙碌的生活，持續處於緊繃的狀態，會使得過度活躍的交感神經慢慢開始無法自行「放鬆」，睡眠品質因此下降，難以擺脫疲勞。這種時候，利用1小時左右的按摩進行調整，就能夠改由負責放鬆的副交感神經主導身體。

自律神經負責掌管全身的生理狀態，因此，當你覺得身體不適或沒精神時，不妨透過按摩去調整自律神經。

☑ 看60分鐘的影片重整心情

如果察覺自己的想法老是往負面的方向去，很難靠自己修正時，可以看看TED演講等影片，幫助自己重新開機。花個

60分鐘，聚精會神地看影片，與TED講者的想法同步，有助於改善自己的想法。請盡量挑選積極正向的主題，就能夠帶來幹勁。

另外，也可以觀看早已熟悉的演講內容，當作回顧反省的機會。每當我覺得自己的目標太遙遠時，就會重複觀看賈伯斯在史丹佛大學畢業典禮的演講影片。儘管已經看過很多次了，但每次看總還是會覺得感動，並重新調整自己的想法。

此外，我也會看基拉‧塞特爾（Keala Settle）以歌曲〈This is me〉參加電影《大娛樂家》試鏡的影片。看完後我多半會哭，但同時也會產生動力（笑）。總而言之，**要用外力，而不是「用意志力改變想法」**，這點很重要。

擬定「未來準備計畫」

雖說每天規劃行程的一切積累，都是為了未來的自己，但不到最後，沒有人會知道這樣的累積，會帶你前往何方。因此，有時也要試著從未來回推現在，這點很重要。

▌準備兩套反推計畫

以我來說，我有兩套行程表，一種是日常行程，另一種則是從未來回推而規劃出的行程。

☑ 日常行程

我想，大家通常都是配合截止日規劃流程的，例如：「週五之前要提出簡報文件，所以週三之前要取得上司許可」、「因此，週二就要製作簡報文件」、「週一要收集製作所需的資料」——像這樣回推，安排日常行程。

☑ **未來規劃的行程**

另一方面，思考「我想要成為什麼樣的人」、「我希望三年後的自己是這樣」等，為了接近自己理想未來而排定的行程，就屬於未來規劃的行程。把行程分成兩種的原因是，假如每天只想著日常行程，**會發現「以為自己有在達成目標」，事實上，「只是忙著把瑣事做完」**。當你感覺到「在截止日之前要完成工作」，似乎成為你的人生目標，除此之外沒有其他目標時，就必須提醒一下自己了。

▎六項檢討要素，滿分100分

話雖如此，還是有些人並不清楚「自己想做什麼」，因為他們原本就不知道自己想要的是什麼樣的未來。這種時候，可以聚焦在六大要素上一一思考，能更容易明白自己目前的所在位置。

1：健康
2：感情
3：人際關係
4：時間管理
5：工作、職涯、天職
6：財務、金錢

這六項的理想狀態，滿分都是100分，想想看自己現在是幾分，自然而然就會去注意如何提昇分數。這麼一來，也能夠優先把提昇分數的行動，列入行程中。

☑ 100分的定義

這種時候，最重要的是先定義各項目的「100分」。

有鮪魚肚→不減肥就會……

不是像這樣從出問題的地方開始，而是：

肚子變平坦了→重點式訓練腹肌

像這樣具體寫出滿分的狀態，想辦法讓自己接近這樣的目標，才是重點。組織心理學家艾德溫・洛克（Edwin A. Locke）和蓋瑞・拉山姆（Gary P. Latham）以木材運輸業者為對象進行實驗，發現當績效目標不是實際數字時，載運量是60%，但具體設定目標為「94%」時，載運量就會提昇到90%以上。

「設定具體且難易度略高的目標」，可以有效幫助自己接近理想的狀態。反之，只設定「盡力做到最好」這種模糊目標，並無法改善人類的行為。

＼ 思考看看，現在的你是幾分？ ／

健康

0			100

時間管理

0			100

感情

0			100

工作、職涯、天職

0			100

人際關係

0			100

財務、金錢

0			100

> ### ⏱ Point!
>
> ### 避免完美主義
>
> 請留意，不要讓自己陷入完美主義。美國史華斯摩爾學院的心理學教授貝瑞・史瓦茲（Barry Schwartz）表示，當你懷抱「不可能實現的過高期待」時，對人生的滿意度就會下降。
>
> 自行定義出理想中的健康狀態等等，並以此為目標來努力固然是好事，但如果認為「體脂肪不降到5%以下就是肥胖！」或是「對於最新時事一無所知的人缺乏教養」，就是懷抱著「不可能實現的過高期待」，有可能會因此而罹患憂鬱症。如果你的目的不是要參加健美比賽，就該是以擁有健康的身體、沒有小腹等為目標。我們必須時時提醒並檢討自己的做法是否太過頭了。

☑ 定義理想的人

此外，找某個人當作模範，以「我想成為那個人」作為目標也是很好的方式。有具體的範本，來跟現在的自己相比，就更容易看出哪裡需要改善、哪裡不足了。人生中有價值的事物，不管是技術也好、健康也好、人際關係也好，都不是一蹴可幾的東西。正因為必須付出很長的時間才能取得，所以你需要規劃出未來計畫。

▌改變環境就能轉變想法

思考長期展望這種與平常不同的內容時，只要改變場所，就很容易會改變想法。

有些人喜歡在咖啡店或飯店酒吧思考。明明就住在市中心，卻刻意投宿市區的飯店，恐怕就是因為**改變環境能夠刺激思考**吧。只要待在日常空間裡，受到視覺上的影響，就會聯想到其他不相干的事情。

正想細細思考三年後的規劃，「啊，我的房間好亂！」的念頭卻跳進腦海裡，不自覺地受到干擾而無法專心。因此，換個環境思考非常重要。

如果情況不允許外宿，只要去一個與平常不同的地方，就會產生不同的想法。走一段平常不會經過的路、去一間不曾造訪的咖啡店，**眼睛看到的風景和人物不同，就會帶來新的靈感**。我有時會在早晨5點帶著筆記本，去附近的公園思考未來計畫。一大清早的公園幾乎沒人，風景看起來也跟平常不一樣，四周很安靜，能夠專心。尤其是這個時間腦中還沒有雜念，思慮清明，不會受到日常生活所影響，因此能夠平靜地思考未來。

「想成為理想中的自己，我可以做些什麼？」把這個問題寫在筆記本上，具體思考要改善的地方，你就會漸漸看出現在的自己應該做什麼，自然也能夠計畫未來。

第 3 章

從小處開始節省工時：
高效時間運用法

為了保障 16 小時的私人時間，

必須縮短工作和雜務時間。

本章將介紹大幅提昇效率的方法。

提昇判斷力

　　如何不再浪費時間？日常生活中，能夠避免浪費的時間，大致上分為三類：

- 「煩惱的時間」
- 「找東西的時間」
- 「後悔的時間」

　　在這當中，「煩惱的時間」可以利用以下列出的方式來有效縮減。

▎花時間不一定能做出「好選擇」

　　我們往往以為「花時間能做出比較好的判斷」，但事實上，**「所花的時間」與「判斷的內涵」毫無關聯**。鑽研行銷的麥爾坎・葛拉威爾（Malcolm Gladwell）表示，付出時間的人往往以為自己「做出最有自信的決定」，但這是很感覺層面的

事情，「判斷正確或錯誤」與你花了多少時間煩惱，兩件事並無相關性。

有個實驗可以證明以上論述。

在心理學家山繆·葛斯林（Samuel D. Gosling）進行的實驗中，研究人員根據外向性、協調性、認真程度、情緒起伏、好奇心這五個項目，詳細調查80名大學生的人格特質，之後再請他們的好友評估同樣的項目。結果當然是雙方吻合。然而，驚人的是接下來的內容。

研究人員接著邀請陌生人看看受試學生的房間，並請他們藉此猜測學生的性格。結果在五個項目中，有三個項目，陌生人的答案比好友更接近正確答案。由此可知，**做出判斷所需要的，與其說是夠長的時間，倒不如說是恰當的情報與專注的思考。**

☑ 善用時間壓力

腦科學家茂木健一郎提出「時間壓力」的方法，就是把時間分割成小單位，藉此提升速度的技巧。

工作時如果有時間限制，在期限內完成，就會促使大腦分泌多巴胺作為報酬。接下來就會湧現「下一個任務要用更短的時間完成」的幹勁。這一招不只適合用於事務性的工作，在需要進行判斷時也同樣適用。事實上，不管是花一分鐘或一個小時做決定，結果並無不同，所以，請試著盡可能縮短煩惱和思考的時間吧。

☑ 利用獎勵驅使行動

提醒自己工作完成後「能夠得到什麼」，這個方法也很有
效。「10分鐘之後就要開會，資料卻還沒有彙整好。」在這
樣千鈞一髮的狀態下，大腦會陷入恐慌，但當你想到「只要
把資料彙整完並好好說明，就能夠取得預算」這項完成後的
獎勵，思考就會變得清晰，並能夠專注在重點上。

**因為你想起了即將得到的報酬，所以不會被擔憂失敗的不
安所折磨，也不會害怕風險而裹足不前，反而能夠加快行動速
度。**這種思考法能讓人勇於冒險，在不需細膩確認、必須掌
握重點快速決定時，非常適用。

☑ 安排非做不可的預定事項

還有一招可以成為時間壓力的助力，那就是在接下來的時

段，安排其他預定事項。而且，必須排定的是「與人見面」或「這個時間不出發就會遲到」之類的計畫。

　　拉高迫切性，就能夠使我們的專注力再提昇一級。「不做完就完蛋了！」的狀況會讓人很緊張，生理上也會感受到壓力，所以不能常用。但是，遇到「無論如何都不想花兩個小時整理這份資料！」的時候，我相信這一招值得一試。我在寄送物品時，也會先預約宅配業者的收件時間，強迫自己「要在時間之前完成！」這也是讓人產生整理動力的方法：只要一想到不準時完成會給人添麻煩，處理的速度就會加快。所以我至今都沒有耽誤過宅配員的時間（笑）。

⏱TRAINING!

透過訓練，也可以有效提昇決策力。

以「今天午餐要吃什麼？」為例，思考這個問題也有助於訓練決策力。你可以挑戰用5秒鐘時間選好今天的午餐；拿起菜單便倒數「五、四、三、二、一」，數完就要下決定。就算菜單上的選擇太多，令人苦惱，但是當你一邊倒數一邊問自己：「我想吃什麼？」時，大腦在瞬間就會變得很專注，相當有趣。習慣之後，你就能夠自由控制專注力。

花最少的時間找東西

暢銷書《從混沌中找出秩序》（*Order from Chaos: A Six-Step Plan for Organizing Yourself, Your Office, and Your Life*）的作者、整理顧問公司負責人利茲·戴文波特（Liz Davenport）指出，**「上班族每年平均浪費150個小時找東西」**。

也就是說，一年之中有整整一個禮拜的時間，都只是用在找東西。如果懂得整理，就能夠把這一週的時間拿來休假。所以，讓我們先從「減少物品」開始吧。

▍半年沒用到的東西，丟掉或數位化

有句話說，桌面的狀態，代表你頭腦的狀態。桌上有95%的文件都是不需要的，現在就動手處理掉這些，挪出空間來吧！減少物品時，有以下兩個原則：

· 丟掉「放了超過6個月都沒用到的物品」
· 將「以後會用到」的物品數位化

遵守以上原則，把最近沒使用的文件和書籍等處理掉或數位化吧。我因為工作緣故，家裡的書籍很容易增加，因此每個月大約會送30本讀完的書去電子化服務公司轉成數位檔案。閱讀時，我喜歡看紙本書，但紙本書太占空間，於是閱讀完畢後，我會把不會立刻用到的書籍數位化。試過之後，你將發現事後搜尋時，數位版更方便。

> ⏱ POINT!
>
> 根據北達科他大學的助理教授維吉尼亞‧克林頓（Virginia Clinton-Lisell）的研究顯示，比起數位閱讀，紙本閱讀能夠更加深閱讀者對於內容的理解，也較容易留下印象。這也是因為大腦在讀紙本與看電子裝置時，所使用的部位不同。因此，即使很難整理，但我仍堅持閱讀紙本書，再收藏數位版。

　　除此之外，只要空間無法容納，就要意識到這是「東西過多的警訊」，不管是書籍、衣服或雜物，都必須貫徹「無法收納的就該丟掉」的原則。只要物品一減少，就能夠一目瞭然自己擁有什麼，也就能防止重複購買。

　　目標是**書櫃上、抽屜裡，都能夠一眼就看到什麼東西在哪裡**。對於居家時間增加的遠距工作者來說，減少找東西的時間也有助於提昇生活品質。接下來，我將為各位歸納整理收納的重點。

打造專注環境

　　視覺資訊是造成分心的一大主因。美國加州大學爾灣分校教授葛洛莉亞・馬克（Gloria Mark）進行的研究顯示，**上班族平均每工作3分鐘就會受到干擾，而且在原本的專注狀態被打斷之後，平均必須再花25分鐘才能夠再度專心。這個過程每一次都會造成大腦的負擔。**

　　只要被打斷，就必須回想起自己進行到哪裡，並重新找回節奏。若是因此造成工作品質下降，在無法專心的狀態下結束了一天，未免太浪費了。讓我們一起打造出讓專注力不被打斷的環境吧！

▎妥善收納，就能提升效率

　　最重要的一點就是在開始進行任何工作之前，**別在眼前放置任何與目前工作無關的物品。**

一看到沒必要的物品，就會聯想到：「啊，我忘了寫那件事的電子郵件」或「咦？這份文件是什麼時候要提交？」等其他事情。而且，每次都必須花25分鐘重新找回專注力，實在太浪費時間了。

☑ 工作時將桌面淨空

最重要的關鍵就是工作時的桌面。將視線範圍內所有與眼前工作無關的物品全都拿走，才能打造出專注有效率的工作環境，因此，**請不要在桌面上放任何東西。**

如果無法把所有物品收起來，可以準備一個紙箱，把桌面上的物品暫時都挪到紙箱裡，淨空桌面。這樣做也很有效。

☑ 電腦開啟全螢幕

同理可知，電腦螢幕一次也只看單一內容。同時打開多個視窗，就會降低注意力。請保持眼前的視窗，只呈現目前正進行的工作內容，並且使用全螢幕模式。

▎根據使用頻率，決定收納位置

除了工作之外，環境的整理也很重要。假如你覺得有哪裡「用起來不順手」，就是東西過多的警訊。請**把這些位置筆記下來，等到休假日時一併整理。**動手整理之前，也要先擬定幾個規則。

☑ 整理的規則

整理零碎物品時，我會訂定下列標準：

- **一天用不到一次的東西，收在「看不到的地方」。**
- **一天會用好幾次的東西，放在「隨時可取用的地方」。**

電腦、耳機、咖啡機、面紙等，都是一天要用上好幾次的物品，所以要擺在看得到的地方。但是，像剪刀等文具、日記本、吸塵器等家電，多半一天用不到一次，所以將收納位置決定在看不見的所在。

☑ 先想像理想狀態

抽屜裡面只要一鬆懈，就會亂成一團，這時比起去想「怎麼收拾才會整齊？」，想像「理想狀態」才是捷徑。**請先想像你心目中抽屜的「理想狀態」。**

假如你理想中的狀態是「打開抽屜，就可以看到所有物品」的話，擺數層分隔盒就無法達到這個目的，所以就可以確定不使用這個方法進行收納；筆如果太多，也能藉此減量。

如果你常用釘書機整理資料，理想狀態就是「抽屜一打開，就能拿到釘書機」，也會自然而然地把釘書機放在抽屜最外面。基本上，印章、迴紋針等，放在抽屜最外面也比較順手。中層和下層抽屜通常比較堅固，我認為不是很常打開的地方，所以我會把名片簿、字典、必須保存的文件等收進這裡。就像這樣，從使用最順手的理想狀態反推，就能夠快速找到解決辦法。

🕐 **T**IPS!

前蘇聯心理學家維高斯基（Lev S. Vygotsky）的研究指出，要求兒童「別動」，他們還是會亂動，但要求他們「假裝自己是警衛」，他們就會乖乖不動。人類如果透過角色扮演進行某件事，反而會順利達成。我們也可以把這一招用在自己身上。

以我來說，我會假裝自己是「整理師」。在一天的開始或擬定一週計畫時，我會以「整理師」的角度，想想哪裡需要整理。讓這位從專業客觀角度看事情的「整理師」定期出現，有助於維持整齊狀態。

消除後悔時間

想起過去的失敗而感到沮喪，心想：「早知道那時候應該這樣……」；責怪休假日一事無成的自己；或是因為別人惡毒的發言而感到情緒低落等各式各樣的「後悔」，都會分散大腦的注意力，導致工作時間比平常多一倍。

從過去的經驗學習反省固然重要，但如果你只是單純放不下，不如把時間花在愉快的事物上。

▍如何將放不下的念頭逐出大腦？

像這樣陷入不安與煩惱的情況，可能是受到「蔡格尼效應」的影響。這是心理學家庫爾特・勒溫（Kurt Zadek Lewin）與布盧瑪・蔡格尼（Bluma Wulfovna Zeigarni）所提出的主張，他們指出：**「大腦對於尚未完成的事物更感興趣」**。

以電視連續劇為例，劇情時常結束在某個大事件，因為很

在意後續發展，所以下週也想繼續看下去；這就是利用「蔡格尼效應」的原理——「大腦會惦記著未完成的事」。工作上也是如此，比起已經順利完成的工作，中途換人負責或半路腰斬的企劃案，是否更讓你印象深刻？後悔就是出自於這種機制，因為**「尚未完成」，就會讓人一直放在心上、對此念念不忘**。

因此，我們必須劃下句點，讓事情結束。各位可以參考下列步驟進行。

☑ 步驟1：把後悔「寫在紙上」

第一個步驟是把腦海中的後悔寫在紙上。後悔最可怕的，就是會無止盡地占用時間。可是光想著「早知道應該那樣做」、「早知道應該這樣做」，也不會改變眼前的現實。

把這些後悔全部寫在紙上，就可以空出大腦的空間。坊間甚至有所謂的「書寫治療」，**透過書寫，幫助整理情緒和想法**。寫的時候，記得先寫下事實，後面再寫上自己的感受。將事實與感受分開來寫，才能保持客觀。

☑ 步驟2：「發現與學習」

接下來，要瞭解自己感到後悔的真正原因。只是心裡放不下，是不會學到任何東西的，但是寫在紙上之後，就能客觀地審視發生的狀況與自己的情緒，也就能夠明白自己「失敗的原因」。思考看看，究竟是哪裡出了錯？如果回到過去，改變哪個行動，可以改變現況？這些都是反省的重點。

換句話說，**就是把失敗的經驗，當成是寶貴的意見回饋。**

☑ 步驟3：下定「決心」

最後，堅定地告訴自己，**如果同樣的情況重來一次，自己會採取其他行動，那就到此結束吧。**因為沒有下定決心，才會不斷地想起發生過的事情，反覆回憶起後悔的感受。

如果後悔自己吃太多，只要下定決心：「我明天早上起床後要去跑步！」就不會繼續糾結了。如果是因為工作上的事感到後悔，只要下定決心：「我下次會提早確認！」你或許就會原諒自己這次的過失。人生中發生的一切，都有值得學習的地方。像這樣不再花時間後悔，你就有更多時間去做更有建設性的事。

人們老是愛當**「事後諸葛」**。即使實際上不可能預知當時的情況，也會傾向於認為「如果是我，在當時一定有辦法做出其他判斷」。問題是，你其實是因為現在已經曉得結果，才會想到其他的辦法。

透過這三個步驟客觀反省，你就能擺脫後悔的迴圈。

🕐Tips!

順便補充一點，「蔡格尼效應」也能幫助自己採取更理想的行動。比方說，「買一大堆書回家卻都沒看」。買了許多看起來很難很厚，或「以為自己某天會看卻遲遲沒開始」的書回家堆著，你的大腦就會時常想起：「啊，那本書我一直還沒看！」並保持好奇心，某天就會把書拿起來閱讀。所以，就算沒有立刻要讀，只要看到感興趣的書，直接買回家準沒錯。

尤其是在書店裡先讀過幾頁之後，想把書看完的念頭會更強烈，看完的機率也會大大增加喔。

利用科學原理，
瞬間提昇行動力

明知道這件事只要動手去做就會完成，卻遲遲無法開始——你應該也遇過這種情況吧？是否也希望自己能夠更積極、更有行動力一點呢？事實上，每個人都可以透過科學原理來提昇行動力。

▎工作＝遊戲？ 讓大腦樂在工作

提昇行動力最恰當的方法，就是用計時器進行時間管理。**尤其是規律的「事務性工作」，只要用「計時器」當成在玩「遊戲」，無論是工作或家事，都會進行得很順利。**

大腦有個特性，是在玩遊戲時，就會想要追求破關。因此，把工作當成在玩遊戲，規定自己「15分鐘要完成這三項任務！」就可以提昇動力。紐約時報記者查爾斯‧杜希格（Charles Duhigg）曾提到一項匹茲堡大學的實驗，證明了人類有多麼容易沉迷於遊戲。

在實驗中，電腦螢幕會顯示1～9的數字，受試者必須推測接下來顯示在螢幕上的數字會「大於或小於5」。不管是何者，機率都是二分之一，但猜中的受試者大腦會出現興奮反應，即使實驗結束，仍有很多人說：「想把遊戲帶回家玩」。

他們會出現這樣的反應，是因為遊戲很有趣嗎？為了驗證這一點，接下來研究人員讓電腦進行同樣的推測，受試者這次只能「觀看」猜測是否正確。結果受試者的大腦完全沒有出現期待或興奮的反應。

由此可知，大腦是因為「自己參與遊戲，才感到興奮」。也就是前面提到的，**大腦喜歡玩遊戲**。利用這項機制，把麻煩的工作變成挑戰限時完成的遊戲，大腦就會產生幹勁。

☑ 只要計時就會發現，
　大部分的工作短短幾分鐘就能做完

而且，計時也會讓你更有意願動手處理棘手的工作。比方說，覺得「洗碗很麻煩」，但只要用碼表計算實際用掉的時間，在大多數情況下，你都會發現：**「什麼？原來洗碗只要3分鐘嗎？」**

這樣一來，當你習慣性地冒出「好麻煩」的念頭時，就能夠轉念告訴自己：「不，只要3分鐘，我現在就可以做完！」

☑ 在創意工作結束後安排行程

當處理需要深入思考或創意靈感的事情時，只要設定1小時的期限，專注力就會瞬間提升。尤其是當1個小時之後要

去吃飯、出門等「接下來的行程」已經排好時，大腦就會變得非常專心，想著：「我要在時限前完成！」

多嘗試幾次以上方法之後，你就能夠輕鬆面對任何雜務，也瞭解自己的專注力能夠維持幾分鐘、疲勞程度有幾分等。這些也有助於往後安排行程。

▌計時器的妙用

具體做法是在開始工作前決定好「幾分鐘」，並設定計時器。也可以用 iPhone 設定（喊「Hey Siri，計時10分鐘」就行了），不過，如果你擔心智慧型手機耗電，或是想要避免接觸智慧型手機反而分心，使用電腦上的應用程式計時，也是一種選擇。

以 Windows 10為例，就可以把「鬧鐘與時鐘」這個簡單的計時應用程式釘選在工作列上。但是，利用計時器的鬧鐘，就必須開啟「應用程式通知」，其他應用程式的通知和收到電子郵件的通知等也會不斷地冒出來，很可能導致分心（請見 P.171）。因此，我建議使用免費的應用程式。

⏱ RECOMMEND!

免費的計時應用程式

SnapTimer：無需安裝，使用超簡便的計時器（需要下載）。可以5分鐘為單位設定時間。Windows 系統適用。

Cool Timer：可顯示文字，所以也可以預設提醒通知。也有付費版。Windows 系統適用。

Gestimer：可同時設定多個計時器，也可固定在螢幕的工具列上。這是我用來管理例行活動的免費程式。Mac 電腦專用。

Timer RH：功能非常單純，且便於使用的計時器，也可同時設定多個。Mac 電腦專用。

其他還有很多免費的計時器應用程式，有的甚至在幾天之前就可以開始倒數計時。請找出適合自己的應用程式，除了工作之外，也可以用來安排上網時間、看片追劇時間等。

☑ 使用計時器的準則

使用計時器時，我希望各位遵守兩個準則。

第一、自己要設定「在這個時間內能夠專心」的最低限度時間。

設定時間的標準，類似於前面提到玩遊戲的感覺，需要認真思考的工作上限設為 1 個小時；事務性工作，如果想趁著還沒厭煩之前結束的話，就設定上限為 10 分鐘。

第二、計時器設定好後，請將智慧型手機放在看不到的地方。

多數人以為不管手機放在哪裡，只要不去碰就行了，事實上，實驗證實只要智慧型手機在視線範圍內，人的認知功能就會下降。

等到習慣之後，也可以利用計時器以外的工具，進行自我管理。例如：

- **在這兩首歌結束之前，把紙箱整理好並拿去丟掉。**

   或是

- **浴缸裝滿洗澡水要10分鐘，趁這段時間整理書桌桌面，保持淨空狀態。**

大概是這種感覺。像這樣善加利用外在刺激，就算不設定計時器，你也會起身行動。最重要的就是分配好時間後，開始動起來。

⊙Experiments!

德州大學進行的實驗證明，只是把智慧型手機放在視線範圍內，就會造成「腦力流失（brain drain）」。實驗要求參加的學生們將自己的手機關靜音後，放在不同位置，分別為：「放在桌上組」、「放在包包組」和「放在隔壁房間組」這三組，並進行認知能力測驗。

結果成績最好的是「放在隔壁房間組」，成績最差的是「放在桌上組」。即使沒有去觸摸或使用，光是分心注意智慧型手機的存在，就足以轉移人的注意力。

寫出「好想實現」的待辦清單

　　想度過有建設性的一天，少不了要列出待辦清單。但是，只把必須做的事情一件一件寫出來，是不會有什麼效果的。你需要的，是寫出能誘使大腦一步步開始行動的清單。

▍量身訂做的精準清單

　　列了待辦清單卻失敗的原因之一就是「待辦事項太模糊」，還有「缺乏時間觀念」。

☑ 具體寫出待辦內容

　　列清單時，最重要的就是你能否想像「自己做這件事的樣子」。人在能夠想像時，才會把想法轉化成行動。

　　舉例來說，叫你「把桌面清乾淨」，但是，對於無法具體想像收拾哪些地方才會變乾淨的人來說，這樣的內容並不會產生效果。

- 把書面資料按照不同企劃，用文件夾分類。
- 已完成的書面資料，只掃描預算內容後銷毀。

必須像這樣，寫下具體內容，才能夠轉化成行動。擅長與不擅長的事、經驗的有無，都會造成天差地別的結果。有些人只憑一句「擬定提交銀行的事業計畫」，就能夠想像成果；但也有些人被交代如「預約出差目的地的飯店」這樣具體的指示，卻仍然無法想像。曾經經歷過或有能力完成的事情，即使寫成大略的待辦事項，也能夠想像成果，但除此之外的情況，就必須寫出具體的作業流程。

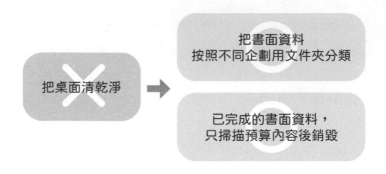

☑ 事先預估所需時間

列出具體的待辦清單後，請在旁邊寫下預估的所需時間。**想好所需時間，就能夠避免列出一天內無法做完的清單。**

如果你覺得自己不擅長分配時間，多半是因為不擅長「預估」時間。因此，有意識地練習如何準確預估所需時間，就能改善往後的行程表。

☑ 訂下實行的優先順序

訂出待辦清單的優先順序也很重要。

A：第一優先（必須先完成）
B：今天之內完成即可
C：今天不做也沒關係

在待辦清單旁邊像這樣，劃分為 A、B、C 等級，可以的話就把 A 寫進行事曆。這也是在宣示「我一定會完成」的儀式。**在手帳或網路行事曆裡寫下「這個時間做這個」，對大腦來說是很重大的約定。**我們無論如何，都會被眼前的事物或突然想到的事情給占去時間，一旦寫下來，就會產生「我絕對要完成！」的壓力。

☑ 一天結束前，花5分鐘回顧

想要寫出有效的待辦清單，回顧很重要。一天的待辦清單做完後請先別丟掉，把它保留到晚上，最後花5分鐘，重新檢視。

我也是透過回顧才發現，原以為「30分鐘就能做到」的事情，卻花了1小時，或以為「1小時就能完成」的事，實際上花了3小時。怪不得我的時間總是不夠用，或總是拖延。

如果可以的話，把自己的發現，用一句話簡短地寫在手帳上吧。「和上司談過後，發現只要用原本預估時間的一半就能完成」這類往後也能派上用場的收穫，寫下來會更容易記住。相反地，「沒有自己先查詢做法就問上司怎麼做，結果

被罵了一頓，浪費了1小時」這種反省，也要筆記起來當作教訓。多次練習後，就能夠大幅提昇預估時間的能力。

找到適合自己的工作管理工具

在執行工作或專案管理時，有許多不同的方法，你最喜歡哪一種呢？

☑ 使用電腦應用程式

如果你有使用 Gmail，我很推薦 Google Tasks。只要讓 Gmail 與行事曆同步，就能輕鬆管理行程。

Microsoft To Do 也可以讓電子郵件和行事曆同步。此外，還有很多免費且可供多人共用的清單應用程式，可以同時管理多種不同類別的列表，如「藝術之約」列表、「想要整理的地方」列表等，使用起來也很方便。請根據個人需求，找尋用起來最順手的應用程式。有些應用程式的工作事項在完

成之後，就會從列表中消失，事後想要回顧已完成工作的人，必須留意這點。

☑ 使用便利貼

把工作寫在便利貼上，每完成一樁工作，就撕下來收在其他地方，晚上回頭檢討完，再一口氣全部丟掉。我也曾採用這個方法。事情完成後撕掉便利貼的心情很痛快，所以，這一招我持續用了10年以上。

使用便利貼的好處是方便調整，要配合當天的計畫變更順序、或把事情挪到第二天，都很簡單好用（雖然真的不想把事情挪到隔天）。

☑ 使用手寫清單

喜歡從零開始自己親手寫排程的人，應該會選擇這個方法吧。自己親手寫過後，當天的工作就會記在腦海裡，也能夠提高想要完成的動力。

待辦事項做完後，就拿粗麥克筆打叉、或是畫兩條線槓掉，會帶來很大的滿足感。因此在需要替自己打氣、待辦事項很多的日子，我也會使用手寫清單的方式。

找出適合自己的方法，或是配合忙碌程度與工作內容，交替使用不同的方法，就能夠更有效率地管理自己的時間。

如何安排一日計畫？

寫完有效的待辦清單之後,接著就要來決定進行的順序。「首先做 A,接著做 B,然後做 C,就去吃午餐。」像這樣,事先決定好工作流程,就能夠提高每件事的行動力,縮短處理時間。

▍寫下你的流程筆記

把所有想做的事全都塞進行程表裡,實踐起來相當困難。如果臨時有其他事情打斷,或某件工作比預想中更花時間時,就無法照著計畫走。

安排行程表的目的,是為了順利完成今天的工作,因此,「分段預演」很重要。我把寫著一天流程紀錄的筆記本叫做「勝算筆記本」,並安排在每天早上撰寫。

☑ 排除計畫外的事

行程表無法完成的原因之一，就是「做了計畫外的事」。因此，勝算筆記本可以讓我知道，什麼時候會發生計畫外的事。以我來說，我發現自己：

- **移動時容易做計畫外的事。**
- **吃完午餐或晚餐後，特別容易做計畫外的事。**

所以我會特別小心，別在移動時受到吸引而半路逗留，不管是重新安排路線，或是事先把半路逗留的時間，也納入行程表裡，如此一來，就能夠避免行程被打亂。

☑ 把私事也寫進待辦清單

寫下待辦清單的動作，能讓你在腦中整理、並確實掌握今天的重點，因此很重要。我想，很多人會寫上工作內容，但大多數人都不會寫上私事。

我建議，**待辦清單要把工作事項和私事都列上去**。比方說，把「去銀行辦○○手續」等私事也列入待辦清單，安排行程時，就可以順道規劃「午餐後要散步去銀行辦事，今天就去那附近的餐廳吃午餐」。

☑ 合併處理工作

在整理工作流程時，可以多多發掘「這個和那個安排在一起會更輕鬆！」的模式。比如說，同樣是「寫文件」，即使打算 A 文件和 B 文件一起、在 1 小時內處理完，但同時寫不同類型或格式的文件，效率不見得會比較好。相反地，如果

把「倒垃圾」和「製作簡報」搭配在一起，去倒垃圾的路上，腦海中可以大致想像一下簡報內容，回來之後就可以把想好的內容，落實成具體的簡報，有時反而會更有效率（我就是這樣）。

不把「工作」視為獨立的事件，而是以「流程」的形式思考，慢慢就會找到自己的必勝模式。做菜時順便聽有聲書、慢跑時順便回顧一週的工作狀況，或是健身時順便擬定收拾房間的計畫……就像這樣，**「思考」型任務，適合搭配「活動身體」型任務**。各位也請試著找出專屬於你自己的搭配組合吧。

「順手做」法則，提昇效率

研究發現，一心多用會造成大腦的認知功能衰退，因此我並不推薦（請見 P.168）。不過，日前已知，**使用大腦的不同部位工作，即使同時進行，也不會降低效率。**

▌不需要「判斷」和「思考」的工作

管理顧問公司的執行長戴芙拉・札克（Devora Zack）在著作《專一力原則》中提到：「假設有兩件不相干的工作，只要其中一件不需要專心，那麼同時進行也不會有害處。」

札克所謂不需要專心的事，是指「不需要判斷和思考的工作內容」，例如以下這些：

- 聽音樂
- 用文件夾整理歸納文件
- 準備簡單的餐點
- 進行非常簡單的手工或修繕工作

這類型的工作，就算與需要判斷或思考的工作同時進行，大腦的認知功能也不會衰退，因此可以一邊做這些，一邊構思企劃書或報告等的內容。

在看電視的時候，順便伸展身體、在跑步機上跑步順便聽音樂，都比起專心做其中一件事更能提振精神，也更容易看得到成效。

▎利用「15分鐘任務清單」，填滿空檔時間

為了有效執行「順手做」，平時可以事先列出規律性、事務性的工作，等到需要時就能派上用場。

只要想到15分鐘內能夠完成的任務，就先把它記錄下來。不論是記在手機備忘錄、寫在便利貼貼在桌上，或是列出專屬的待辦清單都可以。

例如：

- 想確認的事（上網就可以立刻查到的東西）
- 回覆特定電子郵件
- 用電子郵件和電話就能發包的工作
- 整理特定場所，如第一格抽屜等

我想有很多這類的任務，都是在進行其他工作時或早上臨時想到的。每次一想到，就寫下來吧。有了這份清單，當你覺得有點難以集中注意力時，就可以利用這些任務來轉換心情。如此一來，就不會浪費時間了。

創意＝廣度＋深度

還有一種同時進行也能取得好效果的，就是**「放在一起思考能激發創意的工作」**。換句話說，兩件事一起想，可以擴大聯想範圍，也更容易想到好點子。

舉例來說，如果要舉辦好幾場演講，我會在同時間一起構思演講內容，於是就會有「現在想到的內容可以用在 B 講座，不過 A 講座不適用」的情況。銷售員同時想著「10 位客人的反應」，思考自己能為每個客人做些什麼時，就會誕生新的想法，進而發現「回答 A 的諮詢內容，其實也可以告訴 X」。

寫字的動作，必須經過「思考、判斷、動筆」這三個階段，中途一旦被打斷，就會大幅降低產能。不過，還在發想階段時，**將類似的東西擺在一起構思，反而是拓展創意的絕佳方法**。

4個步驟，從此告別「拖延」

明明有非做不可的工作，卻忍不住拖延時，人往往會懶散地沉溺於被動時間。想要避免拖延，就必須果斷採取以下的步驟。

▍徹底管理自己的4個步驟

想要避免拖延，最關鍵的就是一開始。試試看以下四個步驟，讓自己動起來吧！

☑ 1 不論如何，踏出「第一步」

人只要能踏出第一步，就會願意繼續前進。馬拉松也是一步一步的累積。

首先，拿起紙筆，寫下「START！」吧。

☑ 2 具體寫下：「何時、何地、做什麼」

這一招叫做「if-then」（若則法），事先決定好「若○○的話，則進行△△」。這個方法又稱為「實踐意圖（implementation intention）」。請在寫下「START！」的紙上，**寫出執行應做工作的「地點」和「流程」，以及計畫有變時的B計畫。**

紐約大學心理學教授彼得·戈維哲（Peter Gollwitzer）等人進行了一項實驗。在耶誕假期前夕，他們要求兩組大學生寫下短文，詳細說明「以往是如何度過假期」。

兩組的截止時間都是48小時以內，但是第一組學生被要求具體訂出寫短文的「時間」和「地點」，另外一組則沒有這個要求，只告知截止時間。結果，具體訂出「時間」和「地點」的學生交出短文的比例，是另一組的2倍以上。

多數人記得要交件，也想著「必須動手」，但事實上光是這樣，還無法讓他們有所行動。**具體規劃出「何時」、「何地」進行很重要。**

☑ 3 列出步驟、順序，縮小作業規模

遲遲無法動手去做的事，在你的心裡多半只有模糊的步驟，一旦實際要進行時，就會感到無所適從，**因為不知道具體來說，應該要從哪裡著手比較好。**

維吉尼亞大學的心理學家強納森·海德特（Jonathan Haidt），以「象」與「騎象人」作為比喻，討論心與智的關

係。海德特指出，我們的「智」，就像坐在大象身上的「騎象人」。當「心」這頭大象順從時，就能運用「智」，說服自己行動；但當大象有「不想動」、「想要去做別的事」的欲望時，騎象人就拿大象沒辦法。「智」不停在想：「我必須去做！」卻還是做不到，這是因為「心」在抗拒。由此可知，**「心」擁有強大的力量**。想要成功讓膽小又懶惰的大象動起來，必須消除以下這些障礙：

1　不知道順序的事情令人困惑，所以不想做。
2　第一次接觸的事情令人害怕，所以希望變簡單一點。

　　也就是說，必須把工作細分、簡化，以避免上述這兩點。

☑ 4 清楚列出行動的「目的」

　　另外，處理麻煩的工作時，最能夠提昇動力的，就是**使目的明確**。哥倫比亞大學的心理學家海蒂‧格蘭特‧海佛森表示，面對遲遲無法動手的事情，只要「瞭解目的」，就能夠提高幹勁。

　　換句話說，當出現不自覺就會拖延的事情，只要想清楚：「為什麼我必須做這個？」就能夠提昇想做的欲望。這樣的時刻，或許也是徹底思考：「我的工作，是為了解決『誰的』『什麼煩惱』而存在？」的大好機會。

⏱PLUS!

根據目標達成相關的實驗結果顯示，比起只想像「一切順利」，能想像「阻礙與對策」的人，達成目標的機率更高。

紐約大學心理學教授歐廷珍（Gabriele Oettingen）透過訪談，瞭解復健患者的心理狀態，接著調查後續復原的速度。結果發現，「瞭解實際的辛苦程度，再進行復健」的人復原較快；想著「很快就會輕鬆痊癒」、期待短期就能康復的人，反而復原得較慢。

也就是說，不能只是抱持著樂觀的想法，心想「一定會成功！」；唯有採取具體行動、擬定計畫，並且知道要成功必須跨越哪些困難的人，才能夠超越阻礙。

▍讓他人的期限成為拖延的阻力

除此之外，還有一招就是公開表示：「我在某某時間之前要做這件事。」把別人也一起拉進來。既然已經公開告訴其他人了，就會給自己帶來壓力，確實產生效果。

☑ 公開表達決心

在說出目標時，告訴那些會幫自己加油的人、或是向來都信守彼此承諾的人，效果會更好。我想養成早上5點起床的習慣時，就找了一群同伴一起挑戰，大家都在推特上公開宣告，並且互相報告起床的時間。一想到同伴，就會更願意持

續下去，所以我也推薦這個方法。找不到同伴的話，單純在推特上對自己宣告也很有效。**別把幹勁藏在心裡，說出來更重要。**

☑ 傳達出堅定態度

展現決心時的重點在於──要說「我要做」，而不是「我想要做」。只要改變說法，就等於在告訴自己，這不是「如果能實現該有多好」的願望，而是「我勢在必行」。

拖延會讓大腦一直惦記著尚未完成的工作。大腦的容量有限，如果想要充分運用，就必須把事情一件一件完成，才能繼續進行接下來的工作。

沒做完的工作，早上再做

原本打定主意要完成的工作，即使當天沒辦法做完，也要盡量避免加班，因為——**加班沒有效率**。

我們常聽到「加班時間長是日本企業的壞習慣」，但事實上，有很多人是白願加班加到累得半死，才會感覺到「我有好好工作」，以藉此獲得成就感。但問題是，工作看的是結果。可別覺得被工作弄到筋疲力盡了，就可以安心。

▎停止加班，改成早起

加班的工作效率差，是因為大腦產能降低的緣故。在《刻意練習》中，心理學家安德斯・艾瑞克森（Anders Ericsson）利用科學方法分析一流人才的表現，發現**一天之中，人能夠發揮高度專注力的時間大約是 4 小時**。所以在非上班時間工作，注意力也難以集中。

因此，如果當天工作尚未完成，時間卻用完了，那就先下班吧。與其藉由工作疲憊獲得成就感，還不如把精力用在私人時間上。

☑ 固定時間下班

人在時間不夠用的時候，會比時間充裕時更有效率；**因為時間壓力的急迫性，會縮短判斷的時間、刪除猶豫的時間。** 緊急時也顧不得什麼執著或堅持了，所以也更能輕易說「不」。

因此，在心中訂好下班時間，規定自己每天都要「這個時間回家」，就會在這個時間之前，專心完成工作，效率也會隨之提昇。一旦有了「做不完加班就好」的念頭，就會開始散漫。

假如在時間用光之前，還無法完成既定工作，也要在固定時間下班。與其用疲勞的腦袋處理剩下的工作，還不如到第二天早上再繼續。當然，也不准把工作帶回家做。不想耽誤到私人時間的認知，以結果來看，反而更能激發自己加速完成工作。

☑ 早點起床，收拾殘局

工作做不完的日子，更應該早點回家、早點睡覺。早點睡，隔天早上4～5點就提早起床工作，會更有效率。早上醒來後，腦內荷爾蒙正在分泌，意志力也是滿載狀態，很適合工作。早上5～8點的這段時間，能夠完成晚上3倍以上的工作量。

遇到要花好幾天的工作時

遇到要花上好幾天時間才能完成的工作，在截止期限迫在眉梢時，有時靠固定的下班時間，也無法激起你的鬥志。這種時候，可以利用以下的步驟：

☑ 在行事曆寫下計畫

準備以「月」為單位的行事曆，確認「到這裡應該可以告一段落」的日期之後，寫下以下這三項。

- **工作完成日**
- **反省日**
- **愉快活動日**

人只要把「愉快的事」寫進行事曆，就會受到激勵，並且全力以赴。事先擬定「週末已經安排了按摩，所以在那之前我要全力衝刺！」會比看心情再決定「今天很累，去按摩吧」，更能夠提昇表現。可以的話，具體寫出「在哪裡」「和誰」「做什麼」，更能夠帶來動力。

此外，也必須避免經常性的加班或假日工作。耗時較長的工作，更需要注意健康管理。**想要維持穩定而優異的表現，就必須避免意志力耗盡的情形發生。**

☑ 找出反省重點

忙碌的趕工時期結束後，在行事曆上訂下的反省日那天，好好花時間檢討。請反省以下兩點：

- 這次是什麼原因造成手忙腳亂？
- 為了避免重蹈覆轍，應該在哪個階段、採取什麼對策？

在大多數時候，我們都能夠找到「當初如果在這個時候做什麼，就不會發生這種情況」的時間點。如果是無法自己作主、或有突發狀況產生，也可以透過提早確認，或事先把行程表告訴客戶等，不論是什麼樣的原因，一定都存在著改善的關鍵。

好不容易才完成的艱鉅任務，過程中一定有值得學習的地方，請務必好好找出來，並運用在下一次的工作上。若是會計等有固定淡旺季的部門，以年為單位，調整前後的工作流程，就能夠改善問題。

Ⓛ PLUS!

在此希望各位留意，別把時間用在自己不能作主的事情上。管理階層特別容易如此：可能會擔心部屬的進度，或把時間浪費在不斷開會上，因而損耗精力。我認為，最終極的省時方式，就是「不管理」。你也希望部屬能夠成長、學習自行判斷，並好好擔負責任吧。所以，最好應該避免微觀管理[3]，也要留意別過度追求完美。

---

3 微觀管理（Micromanagement），管理者對員工密切觀察及操控，監視及評核每一個步驟，只為了確保員工有沒有按照自己的指示做事。

遇到不想做的工作，就轉換目標

遇上棘手的工作時，只要變更目標，就能夠讓你再次有所行動。這也是一種省時的技巧。

▌不擅長，也能繼續做下去！

比方說，在準備開會資料時，一想到「因為下週開會要用」就提不起勁。但是如果換個想法：「資料改用 Excel 製作，其他工作也能提早完成」之類，**想成是「為了提昇技能而做」，就會拿出幹勁。**

當然，技能並不只限於和工作有關，「記下來之後可以拿來教小孩」等想法，也會有所幫助。說到運動，有些人一想到「為了變瘦」、「為了健康」就無法起身去運動，但是，一想到運動能夠「活化大腦」，進而提昇工作表現，也許就願意行動了。說到做菜，有些女生是「為了變漂亮」而持續做菜，不是「為了健康」。學英文也是，有些人一想到「為了

工作」就失去動力，但一想到「旅行時可以派上用場」，反而願意繼續進修。

當你決定一天24小時全部用在自己身上，就會大幅改變人生的充實度。再棘手的事情，也會視為是「為了自己」而做。

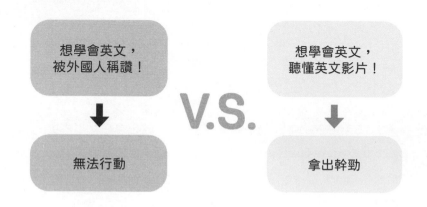

想學會英文，
被外國人稱讚！

↓

無法行動

V.S.

想學會英文，
聽懂英文影片！

↓

拿出幹勁

▎以喜愛的事搭配討厭的事

改變目標時，從「自己會主動去做的事情」反向思考，就很容易能找到動力。

☑ 動力 + 任務，找到執行方式

舉例來說，如果你不自覺就會把時間用在「看電視」或「喝酒」上，請這樣想想：

「我做這件事是為了什麼呢？」
「做這件事能夠滿足我什麼？」

這麼一來，就會找到背後的動力，比如說，「想逃避現實」、「想放鬆」等。接下來，請試著把**動力與任務綁在一起**。你可以把進修英文的時間當成是「逃避現實的時間」，遠離所有工作並樂在其中，或是挑選喜歡的電影或書籍當教材。把喜歡的電影當成教材，反覆觀賞並記下臺詞；購買喜愛書籍的有聲書版本，讀英文的同時也練習聽力；瀏覽與興趣有關的英文網站等，這些都是增加學習樂趣的常見手法。

此外，在製作棘手的資料時，可以跟「喝喜歡的飲料」或「點心時間」綁在一起。去喜歡的咖啡店工作，把場所當成是獎勵，也是一種方法。

☑ 準備完成後的獎勵

處理需要高度專注的重要工作時，不妨設定「做完這個就去喝酒！」之類工作完畢後的獎勵。想到不久之後可以得到回報，即使只是小小的獎勵，也會產生強大的作用。

◎POINT!

蘿拉・傑勒堤（Laura Gelety）和海蒂・格蘭特・海佛森做了一項實驗，調查什麼樣的動機對於達成目標最有效。實驗將受試者分為兩組，分別給予一些題目，其中一組的解題目標是「為了證明自己的能力」，另一組的目標則是「為了提昇分析能力」，請兩組解題，並比較結果。

結果發現，題目的難易度愈高，「提昇分析能力組」的動力也愈強烈。也就是說，比起爭取他人的評價或證明自己的實力，以「為了增進能力」為目的，更能使人變強，並且不輕易放棄。即使失敗了，也能夠迅速振作，為了更進一步提昇能力而全力以赴。想要達成困難的目標，這樣的想法更能產生奮鬥的動力。

　　人是會因為成長而喜悅的生物。任何工作只要改變目標，就能感到快樂，或覺得有奮力一搏的價值。忙碌時，每個人的眼界都會變窄。可是，人生目標不應該只是「完成眼前的工作」。**唯有當我們選擇過得「有意義」，才會覺得滿足**；否則就算再忙碌，如果自己覺得這段時間過得毫無意義，幸福感就會降低。

　　身為社會的一分子，活著當然不可能只做自己想做的事。但是，我們絕對可以藉由賦予自己目標，進而改變工作的動機。**處理討厭工作所花費的時間，也是人生的一部分，想想能夠從中獲得什麼，盡可能地樂在其中吧！**

第 4 章

立即運用腦科學知識：
以最高效率使用大腦

只要一整天的表現穩定，

就有精力享受私人時間。

本章將介紹如何掌控大腦特性，

以及讓你徹底利用大腦的方法。

訂定例行計畫，保持大腦的即戰力

「意志力」就是自制力，也是能夠自我控制的力量。我認為，意志力天生有強或弱，但不論是意志力多強的人，也會有感到動搖的時候。

▎如何維持意志力

心理學家羅伊・鮑梅斯特調查過數千名受試者之後，得到下列兩點結論：

1 意志力的總量有限，每次使用都會產生消耗。

2 所有行動的意志力，都是來自同一處。

不只是念書或工作，吃飯、與人對話等所有行為，同樣會用到意志力，而且每次使用都會減少。意志力會在進行下列四種行為時產生消耗：

1 控制思考

2 控制情感

3 控制衝動

4 控制表現（例如：即使想放棄，也要咬牙做完）

　　反覆進行這四種行為會消耗意志力，人也會因此輕易敗給誘惑，或是容易提早放棄。如果在這種狀態下，遇到工作上需要做出重大決定的時候，往往會缺乏冷靜，或對於挑釁過度反應，而引起不必要的糾紛。

　　如果想維持大腦的表現，**最好的辦法就是減少不必要的選擇、減少忍耐，並避免出現過多的情緒反應**。要做的選擇愈多，意志力就會跟著減少，因此最好的做法就是別讓大腦煩惱。相信應該很多人都有過這種經驗：如果提早完成早上出門前的準備，那剩下的10分鐘要用來洗衣服、運動、或是整理家裡呢？在考慮這些時，便不自覺地開始看電視，等回過神來才想到：「啊！我明明可以把時間用來做其他事的。」

　　上述這個例子告訴我們，如果沒有事先減少選項，不但會無端害大腦疲勞，也會浪費時間。

▎減少選項就是降低負擔

　　以我來說，我會準備好幾套同樣款式的貼身衣物和 T 恤，家居服也總是穿一樣的；西裝會按照順序，從衣櫃最外側的那套開始輪流穿；領帶則準備跟任何西裝都百搭的顏色。為了避免把精力花在決策上，我會盡量減少選擇的機會。

　　關於服裝安排，我想還有很多不同方法可以參考。你可以

根據星期幾決定、根據天氣決定、根據上衣決定等。為了避免一早就把精力消耗殆盡，事先制定某種程度的規則，就能夠加快早上的準備速度。

> 🕐 **POINT!**
>
> 賈伯斯以每天穿同樣的服裝而為人所知。他每天都穿三宅一生的高領衫、Levi's 501牛仔褲、New Balance 運動鞋的原因眾說紛紜，比如說穿起來舒適、簡單、好看、省時等，但可以確定的是，他不想浪費腦力在服裝搭配上。
>
> 雖然每天都是同一套打扮，人們對賈伯斯卻不會有負面印象，這點也很有意思。

「心情」只是對刺激的反應

要從眾多選項中篩選，還要控制理性、避免衝動，這讓大腦時常承受著莫大的壓力。不過，當事先決定好的事情重複幾次之後，大腦便會「習慣」，此時就能夠節省精力了。因此，想要維持意志力，不妨**事先訂出例行計畫，藉此有效保留腦力**。

有些人比較喜歡「依照當天的心情來決定要做的事情」，而不會事先決定好活動。事實上，**我們感覺到的「當天的心情」，不過是「大腦對刺激的反應」**。比如說，你覺得「比起熱咖啡，今天比較想喝氣泡水」，很可能是因為你打開窗

戶時，感覺到室外的炎熱，心裡想喝冰的，才會有這樣的感覺。你覺得「今天想看書」，可能是因為看到電車上有人在看書。

這種反應不是「心情」，而是**大腦成了「刺激的奴隸」**。

假如是假日，任由自己跟隨這些刺激會很愉快，也能帶來創意。但如果隨時都是如此，到了開始工作時，大腦早已因忙於應付刺激而疲憊不堪。因此，平日最好還是盡量為自己訂出例行活動。

▌一天能處理的資訊量，只有40個？

社會心理學家丘弗（Dolly Chugh）表示，大腦會同時使用多種功能記憶和作業，**因此喜歡「抄捷徑」**。

在公司忙了一天之後，你是否還記得自己怎麼開車回到家？經過路口時，是綠燈還是紅燈？你很可能完全不記得這些細節，感覺這一路上都是憑藉身體的自動反應。另外一種情況，應該大家也都曾發生過：打開冰箱卻找不到奶油，明明奶油就在面前！

這些例子說明了大腦的處理能力有其極限。我們平常的習慣、不自覺就採取的動作，都是意識底層以「低耗電模式」運作的結果，這就是前面提到大腦抄捷徑的功能。**研究顯示，我們的大腦一天必須處理1100萬個資訊，而這當中，在有意識的狀態下處理的，只有40個。**所以，「還沒有反應過來就先做了」或「不自覺就說了」，這些都是發生在沒有意

識的時候。

如果你**不希望讓大腦忙於多餘的事情，請把必須做的事列入例行活動，這樣才能將大腦的精力，保留給真正重要的事。**

☑ 利用例行活動，在日常中創造餘裕

即使事先決定好例行活動，生活中還是會有各種「偶然」。用英文「Serendipity」說明可能更貼切，意思是指「意想不到的好運與發現」。「Serendipity」其實經常發生，但是，在每天都過得困窘急迫、力不從心時，就不會發現這些好運。前面說到要訂出例行計畫，也是為了讓你更能享受到這些愉快的偶然。

心理學家李察・韋斯曼（Richard Wiseman）曾故意在店門口掉落一張5美金的紙鈔，實驗運氣與偶發機會的關係。結果，在事前調查中回答「覺得自己運氣很好」的人，都會注意到紙鈔，而回答「覺得自己運氣很差」的人，反而不會注意到。

不管是對運氣的看法、或是對鈔票的注意力，當你的心不夠從容時，就不會存在。某些「偶然」不但美好，也會對自己產生重要的影響，因此，事先訂出例行計畫，才能夠留意到眼前發生的事物。再說，假如出現突發事件或因一時忙碌，打亂了生活節奏，**只要事先訂出例行活動，就能放心相信生活終會重返軌道。**

☑ 用例行活動切換 ON 與 OFF

另外，例行活動也可當作是進入工作模式的「開關」，用來提醒自己。「喝下咖啡，就可以打起精神、開始工作了！」我想應該有不少人是這樣，不自覺地以喝咖啡等例行活動，當作狀態切換的開關。

有些運動選手在站上打擊區之前會有固定的動作，或是比賽前會固定吃某種食物。你不妨慢慢研究自己該如何進行切換，有天一定能派上用場。

制定例行晨間計畫

　　從早起到出門，或是到開始工作為止，你要花費多少時間？在這段時間內，進行的決策愈多，大腦的精力也會愈低。因此，為了盡可能保住精力，最好事先為自己訂出專屬於早晨的例行活動清單。

▎早上必做的三件事

　　要啟動美好的一天，必須先做以下三件事：

- 活動身體，產生幹勁
- 利用冥想或深呼吸，使頭腦清晰
- 查看一天的行程表

　　除此之外，如果有其他能幫助你提昇動力的事情，也可以一併列進來，為自己打造出獨創的晨間規劃吧！

　　順便補充一點，在養成執行例行活動的習慣之前，與其在

起床後告訴自己「今天也必須努力完成例行活動」，不如事先寫下「例行活動提醒」並擺在枕頭旁，這樣只要平心靜氣地執行，就能輕鬆養成習慣。

☑ 寫下你的「例行活動提醒」

就算寫得鉅細靡遺也無妨，我早期寫下的提醒，都如下列般瑣碎。

- □ 喝一杯白開水
- □ 洗臉後，換上運動服
- □ 打開手機裡的有聲書應用程式，並戴上耳機
- □ 背上裝著換洗衣物和乳清蛋白的背包，並拿好鑰匙
- □ 穿鞋出門，開始播放有聲書
- □ 輕鬆慢跑到健身房
- □ 只進行讓心情愉快的運動菜單
- □ 到家後，煮水並準備泡咖啡
- □ 把運動服丟進洗衣機，然後去淋浴
- □ 換好衣服，冥想10～20分鐘
- □ 泡咖啡，打開筆記本，安排今天的行程

完成這些事，大約需要90分鐘。像這樣準備一張超詳細的提醒紙條，就不需思考，只要看著提醒，一步步照做就好。例行活動做完後，你會感到精力仍舊滿檔，腦袋也很清晰，此時，就可以著手進行這一天最重要的工作。

▌讓環境幫助你實踐例行活動

順便補充一點，我的浴室洗手臺旁，收納著運動服和貼身衣物。早上一起床，洗完臉、脫下睡衣，就可以立刻換上運動服。從健身房回來淋浴後，也能夠立刻換上乾淨的內衣褲。**盡量簡化例行活動的執行路線，就能夠加快速度，避免中途被打斷。**

英國倫敦大學的研究指出，新訂定的例行活動持續66天，就會成為習慣。但根據我的觀察，**在持續到第7天時，就會發現「原來我做得到！」並因此提高動力。**

🕐 RECOMMEND!

我的例行活動是從早上5點開始，因此我的鬧鐘設定在4點58分。起床後喝水、洗臉、換上運動服，這樣正好5點。

我希望可以在5點整的時候對自己說：「好，開始吧！」所以把起床時間設定在4點58分。這也是我一早為自己打氣的方法之一。2分鐘其實很長，只要想著：「我要在5點之前把臉洗好！」你就會更起勁。請各位務必試試。

瞭解荷爾蒙，
再也不需要貪睡鬧鐘

　　手機鬧鐘的貪睡功能，對大腦並不好。醒來又睡，睡了又醒來，這樣不斷反覆，對大腦來說是一種耗損。

　　「鬧鐘一響就起床」，不僅可以影響思緒，也會帶來自信，甚至改變性格。 一睡醒就開始行動，會感覺一整天過得很有意義，幸福感也跟著提高。我也是在養成鬧鐘一響就起床的習慣之後，才隨之改變每天的生活。接下來，將介紹不依賴貪睡功能醒來的腦科學技巧。

▍控制腦內荷爾蒙的實用方法

　　首先，各位要知道早上遲遲起不來的原因，不是因為你不夠努力或個性懶散，單純是**「腦內荷爾蒙」的問題，也就是大腦無法立刻分泌「清醒荷爾蒙」而已。**

　　所以你總是「醒來還想再睡」，這個時候請先提醒自己：

「我還很想睡，只是荷爾蒙的作用，5分鐘後，這些症狀就會消失。」接著平靜地採取能幫助清醒荷爾蒙分泌的具體行動。

☑ 方法1：把鬧鐘放在臥室外

人會依賴「視覺資訊」來決定接下來要採取的「行動」，這個理論稱為**「環境賦使（affordance）」**，由美國心理學家詹姆斯・吉布森（James Gibson）所提出。吉布森把認知心理學的概念運用在設計上，說明物品和環境也會影響人類的行動。

以車站垃圾桶為例。在垃圾桶上標明「可燃垃圾」、「瓶罐類」，一般人不太會分辨，但是，只要把瓶罐類垃圾桶的投入口做成「圓形」，就可以讓一般使用者自然而然地把瓶罐類，丟進有圓形投入口的垃圾桶。

手邊有智慧型手機就會開始滑、看到零食就會放進嘴裡、有漫畫就會拿起來看。人類就是這樣的生物。反過來說，**利用物品設計，就能改變我們的行動**。只要利用這種特性，便可以在不消耗意志力的情況下，採取最適的行動。

如果把鬧鐘放在走廊上，當你走出房間、關鬧鐘時，看到走廊或客廳，腦中就會開始思考回籠覺以外的事情。例如：「啊，今天要倒垃圾」、「今天開會要講什麼……」等。這樣一來，就能轉移「回到床上」的念頭。把工作資料放在鬧鐘旁，應該也會很有效。

史丹佛大學曾經進行過很有名的「棉花糖實驗」，目的在調查自制力與成為成功人士的關係。實驗內容是把棉花糖放在4歲小孩面前，告訴孩子：「在我回來之前，不可以吃掉棉花糖，如果你做到了，我會多給你一顆。」接著讓他們獨處15分鐘。

結果，忍著沒吃掉眼前棉花糖、並多拿到一顆的孩子，都把眼睛閉上或看向別處「轉移注意力」。相反地，盯著棉花糖的孩子通常只忍耐到一半，最後還是把棉花糖吃掉了。

☑ 方法2：注視陽光照射的地方

醒過來之後，盡快用10秒的時間，看著有陽光照射的地方，也能有效喚醒清醒荷爾蒙（不可以直視太陽）。被譽為血清素研究第一人的有田秀穗教授表示，眼睛一感受到陽光，大腦就會分泌「清醒荷爾蒙」。因此，**只要睜大眼睛看著有陽光的地方，從1數到10，大腦就會醒過來**。清醒荷爾蒙分泌後，幹勁就會跟著提昇。

☑ 方法3：活動一下身體

早上一起床就先活動身體，5分鐘即可。動一動身體，大腦就會清醒，打開「準備行動」的開關。暢銷書《運動改造大腦》的作者約翰・瑞提（John J. Ratey）表示，運動會製造促進成長的物質（BDNF，腦源性神經營養因子）、去甲基腎

上腺素（幫助專注的物質），以及讓人心情愉悅的多巴胺，使人瞬間提昇動力。多數人以為是「有了幹勁才會去運動」，事實正好相反，是**「運動了才會產生幹勁」**。

最適合剛睡醒時做的，就是伸展運動。簡單地活動身體，可以伸展收縮的肌肉，促進血液循環。我會先躺在床上，將雙手在頭頂上方交握，並伸展全身。將雙手往上，雙腳往下，維持10秒鐘。伸展完之後，再下床原地跳30下。**跳躍是很有效的有氧運動**，可以吸入新鮮氧氣，促進大腦活化並加速血液循環、提高體溫，讓身體快速醒過來。

提高睡回籠覺的難度

☑ 方法4：立刻整理床鋪

讓自己產生「離開床很難受，可是躺回床上更麻煩」這種感覺的最佳方法，就是一起床便立刻整理床鋪。因為一般人都會有「床都已經鋪好了，弄亂又要重新整理一次，太麻煩了」的想法，因此，看到鋪好的床單、拍鬆的枕頭，就會不想再重來一次。可以用喜歡的防塵布直接把床蓋住，如果擔心寢具因此潮濕發黴的話，可以把棉被掀開。

☑ 方法5：建立晨間活動群組

找志同道合的朋友，一起建立晨間活動群組吧！相約在固定的時間起床，並用推特、臉書等互相通知，看到大家都很努力，自己會充滿幹勁，而且也不容易偷懶，相當於建立彼此監視的系統。

強調愉快的感覺，騙過大腦

☑ 方法6：在早晨製造小小的幸福

在早上建立專屬的幸福時刻，也能有效避免賴床。例如：聆聽喜歡的音樂，或是喝喜歡的飲料。我喜歡在晨間咖啡中加入椰子油，一邊喝著咖啡，一邊看朝陽升起，是我的小確幸。就算在其他時間做同樣的事情，也無法享受這樣的幸福感，於是我會選擇醒來，而不是繼續賴床。

☑ 方法7：大聲說出「好舒服」

大腦會優先處理「愉快的事」，而不是「正確的事」。早上愛賴床的人雖然知道起床是「正確的事」，但他們的大腦並不認為這是「愉快的事」。**想教會大腦這件事，就要在「舒服的瞬間」誇張地表現出「好舒服」的感覺。**

早上打開窗戶，感覺到戶外清新的空氣，就開口說：「空氣好涼爽，好舒服！」慢跑完時說：「好暢快！」喝下咖啡時說：「好幸福！」記得要把這些感受一一說出來，輸入大腦之中。

你的做法是否總是恰好相反呢？經常把「不行」、「好痛苦」掛在嘴邊，大腦就會記住「這是不愉快的事」。把正面的感受說出口，大腦就會知道早起是件好事，留下正面印象，這麼一來，你的大腦也會愛上早上。

☑ 強制起床的終極方法！

如果利用以上這些方法，還是改不掉睡懶覺的習慣，最後再分享一個強制起床的方法，那就是哥倫比亞大學商學院教授希娜‧艾恩嘉（Sheena Iyengar）在《誰說選擇是理性的》書中介紹並引起討論的——每按一次貪睡鬧鐘就得捐錢的鬧鐘系統。

艾恩嘉教授介紹的是一種叫「SnūzNLūz」的實體鬧鐘。每次按掉鬧鈴，它就會連線到事先設定好的銀行帳戶，並透過網路，自動捐款給已選擇的慈善機構。鬧鐘製造商建議，假如設定的是自己不想支持的團體（例如：美國全國步槍協會等），效果會更好。這一招看起來的確很有效呢。在查詢現在是否還有這項產品時，發現 iPhone 也有類似的 APP。

⏱ Recommend!

推薦的 APP

SnoozeJar：每個月會通知你總共按下多少次貪睡鬧鈴，並建議你將次數乘上設定金額之後，實際進行投資或捐款。APP 本身不會真的替你捐款，所以用不著擔心。但效力或許就比不上「SnūzNLūz」鬧鐘吧？

另外，與前面介紹的 APP 不同，在《誰說選擇是理性的》書中一併介紹的網站「https://www.stickk.com/」，目前也還能用。

這是耶魯大學經濟學教授迪恩·卡蘭（Dean Karlan）與同事一起架設的簽約系統網站。只要你的目標沒能達成，就會捐款給事先設定好的對象或團體。與網站簽約後不能毀約，只要沒達成，就會把錢轉出去，除了賴床外，也有很多人用這個網站來輔助減肥或戒菸等計畫，倘若無論如何都無法早起，不妨試試這個網站，或許會很有趣。

只要20分鐘！黃金晨間運動

最適合用來替大腦打氣、提昇精神的，就屬晨間運動了。快站起來活動全身肌肉，把氧氣送進大腦裡吧。

▌活化大腦的運動推薦

一般認為要活化大腦，需要做20分鐘以上的有氧運動。瑞典精神醫學專家安德斯・韓森（Anders Hansen）則提出以下這段內容：

> ⏱QUOTES!
>
> 「跑步比走路更好。給身體多一點負擔，大腦就會釋出大量的多巴胺、去甲基腎上腺素（幫助專注的物質）。此時最理想的心跳數標準，是最高心跳數（220減去年齡）的

> 70 ～ 75%。運動要在早上進行，如果想要提昇專注力，最晚也要在中午之前運動，效果能夠持續好一陣子。（中間省略）盡量連續運動30分鐘，至少也要有20分鐘。」
>
> ——《真正的快樂處方》安德斯・韓森著（究竟出版）

我建議把運動納入每日晨起的例行活動。可以的話，每週執行5天以上。推薦的運動菜單是下列兩種，不但不會覺得疲勞，還能提昇精力。

1　慢跑20分鐘
2　慢跑15分鐘＋重量訓練30分鐘（單一部位）＋慢跑15分鐘

🕑 PLUS!

我曾經為了研究而待在位於成田的希爾頓飯店。早上8點去飯店健身房，幾乎不會有人；但如果選在早上5點半～6點去的話，就會遇到非常多外國人在運動。現場人滿為患，幾乎每一臺跑步機上面都有人，讓我十分驚訝。

由於飯店在成田國際機場附近，我不清楚這些外國人是機組人員還是旅客。但是，既然他們特地帶自己的運動服和慢跑鞋，到國外穿著跑步，就表示對他們來說，晨間運動是相當重要的習慣。

我關注的焦點，是「**運動後比運動前更有活力**」。運動的目的在於「提昇腦力，並獲得能維持高水準表現的身體與大腦」，因此，鍛鍊身體並不是晨間運動的目的。我希望各位記住的是短時間運動後「舒服」的感覺。

想要鍛鍊身體的話，不能選在早上，而要在吃完午餐的一、兩個小時之後，等到能量已經循環至全身各處，也就是下午3～4點左右最適合。晨間運動的目的，只是為了提昇腦力──請將這點謹記在心。

另外，運動到累癱，就是運動過度的警訊。我剛開始也會拚命訓練一個小時以上，結果累到一回家便倒頭就睡。觀察早晨的健身房就會發現，事實上，**多數人運動20分鐘左右就離開了**。利用上班前的時間活動身體，藉此提昇工作表現的人，通常知道晨間運動只要20～30分鐘就足夠了。

▍減輕壓力，運動比藥物更有效

前面提到運動能提昇腦力，事實上不是只有大腦，運動也能夠有效改善心理。有研究顯示，**比較「憂鬱症藥物」與「有氧運動」就會發現，運動治療憂鬱症，甚至比藥物更有效**。

美國杜克大學曾經進行大規模研究，將156位憂鬱症患者分成3組，分別是「抗憂鬱症處方藥組」、「運動組」、「兩者並行組」，並調查其效果（運動組是每週進行3次30分鐘以內、心跳數在70%以上的快走或慢跑運動）。

結果顯示，三組的憂鬱症情況均大幅改善，但有趣的是，

半年後追蹤調查發現，「運動組」的改善情況比「藥物組」更好。由此可知，運動具有長期的改善效果。

☑ 憂鬱症與自律神經失調，也能經由運動大幅改善

1990年代發現的腦中物質BDNF，能夠保護大腦遠離稱為「壓力荷爾蒙」的皮質醇攻擊。憂鬱症患者的皮質醇會增加、BDNF會減少，而服用抗憂鬱藥物，則可以讓BDNF恢復正常值。

目前已知，運動也能帶來與藥物相同的效果，而且比藥物更持久。此外，有氧運動能幫助大腦增加神經細胞，消除壓力與不安，使人不易罹患憂鬱症或自律神經失調，也會變得更樂於與人往來。而且運動與藥物不同，沒有副作用，單純跑步也不花錢，可以說是「最強健康法」，實在沒道理不去做。請各位務必將跑步納入日常習慣中嘗試看看。

用充實的夜晚，
提高一天的滿足感

睡前時間適合用來進行與早上不同的例行活動。

睡前的活動會影響睡眠品質，也會直接關係到第二天的心情與身體狀態。此外，這個時間是一般人意志力枯竭、最容易敗給誘惑的時候，因此，把必須做的事情規劃為例行活動，才不會打亂睡眠時間。

▎為明天而存在的夜晚使用法

睡前必須要做的，是可以放鬆大腦、幫助自然入睡的活動。人如果做自己不習慣的事，很容易導致交感神經活躍，問題是，睡覺時必須讓副交感神經處於優勢才行。

因此，睡前不適合進行緊張、需要幹勁的活動。請做些與平常一樣的例行活動，只要這樣，大腦自然就會放鬆。

☑ 事先備妥第二天早上需要的「理想狀態」

睡前做的事，會影響到第二天的狀態，所以**「打造第二天早上立刻就能進入工作模式的狀態」很重要**。以我來說，最先列入晚間例行活動的就是「保持桌面乾淨」。

早上好不容易才藉著例行活動補足了精力，卻得從收拾桌面等瑣事開始，正是前文說到的無端消耗意志力。為自己事先準備好一坐下就能開始工作的環境，才是最理想的狀態。當然，有的人選擇拿熨斗燙平制服，有的人會寫待辦清單。你可以想像自己第二天起床最理想的狀態，再規劃睡前應該做的例行活動。有時我也會利用整理桌面的時間，反省自己一天的表現。

☑ 睡前閱讀的諸多好處

另外，睡前絕對不能少的就是閱讀。比爾・蓋茲（Bill Gates）是熱愛閱讀的人，聽說他在睡前一定會看一個小時的書。**閱讀的好處當然是獲得知識，此外，還能夠有效降低壓力、提昇記憶力。**

英國艾塞克斯大學在2009年的研究證實，即使**一天只花6分鐘閱讀，壓力等級也能夠降低高達68%**。有閱讀習慣者，平均也可減少32%因年齡增長而造成的認知功能衰退風險。也就是說，不管是提昇腦力或降低壓力，閱讀都有很大的好處。遠離智慧型手機與電腦所帶來的工作和刺激，拿起一本書，就是最理想的睡前習慣。

☑ 把智慧型手機放在其他房間

網路媒體《哈芬登郵報》的創辦人雅莉安娜・哈芬登（Arianna Huffington）為了避免影響睡眠，**在上床之前會把智慧型手機放在其他房間**。臉書營運長雪柔・桑德伯格（Sheryl Sandberg）也說過同樣的話。她們都是網路相關企業的管理階層，也使手機影響睡眠的說法更具說服力。

美國哈佛大學醫學院睡眠醫學教授查爾斯・切斯勒（Charles Czeisler）表示，智慧型手機螢幕的藍光會使大腦以為現在仍是白天，因而干擾睡眠。為此，我也養成不把智慧型手機帶進臥室裡的習慣。

⏱ PLUS!

其他國外成功人士，有的用深夜散步，有的用冥想來緩和一天的壓力。我認為多方嘗試進而找出適合自己的夜晚例行活動，也是一種樂趣。順便補充一點，對我來說，晚上散步會湧現很多靈感，反而讓大腦更興奮，所以我並不這麼做。

⏱ 感謝的心情能提昇幸福感

我習慣在上床後，回想今天所發生的好事，滿懷感謝入睡。根據正向心理學的研究顯示，**感謝的念頭能夠讓大腦釋放血清素和多巴胺等荷爾蒙，除了使心情變好，也可提昇幸福**

感。我們能夠透過感謝提昇自信，強化免疫系統。從結果來看，對於人際關係也有正面影響。另外，養成這項習慣也會強化大腦的感謝迴路，持續提高幸福感。

感謝的對象可以是任何人，感謝自己或大自然也可以。當然，開口直接向對方表達感謝的效果更好，寫「感謝筆記本」也有效。不過，如果很難做到這些，只在心中感謝也很棒。產生「我是因為某人某事物的支持才能活著」的感覺很重要。

從今天起就在睡前實踐吧，你會因此睡得更安穩。

⏱ PLUS!

睡不著的時候，記得好好泡個澡。淋浴只會溫暖身體表層，只有放鬆心情泡澡，才能夠使得體內都暖和起來。《最高睡眠法》的作者，史丹佛大學的西野精治教授表示，在40度溫水裡浸泡15分鐘，使體內深處暖和，睡覺時體溫就會逐漸下降，自然幫助入睡。體內深處的溫度下降時，睡眠品質就會提昇。教授還建議，在睡前90分鐘泡完澡，才能夠讓睡覺時的體溫處在最恰當的溫度。

大腦管理，就靠飲食與運動

　　如果想要一整天都能更有效率地使用大腦，不妨先觀察自己的大腦在一天各時段的表現。

▎意志力最高與最低的時段在何時？

　　以下這些時段，是大腦表現得最好的時候。只要在符合這三項要素的時段安排重要任務，產能就會大爆發。

1　**剛起床沒多久**
2　**肚子有點餓時**
3　**剛運動完**

　　相反地，意志力偏低的時候則是：

1　**攝取大量碳水化合物和添加物之後**
2　**傍晚**

　　這些時候，大腦的反應較遲鈍，意志力也跟著變得薄弱，

難以抵抗誘惑。從科學的角度來看，想要維持一整天都是高產能狀態，就必須透過飲食與運動互相配合。讓我們依序往下看。

▎利用飲食，強化腦力

擁有超過3萬筆腦部造影資料庫的創辦人、腦科學專家丹尼爾‧亞曼（Daniel G. Amen）在其著作《讓大腦變得更好》（*Making a Good Brain Great*）中，提出下列五點建議：

☑ 1 增加喝水量

大腦約有80%是水分，因此，給予大腦適度的水分，保持濕度十分重要。即使只是稍微脫水，都會促使壓力荷爾蒙分泌，因此，就算不覺得口渴，也要**刻意攝取水分**。

☑ 2 限制卡路里

有人說減肥跟卡路里（熱量）無關，但是談到大腦的時候，多數研究結果均顯示，**控制卡路里的飲食生活，能夠使大腦更活躍，也能延長大腦的使用週期**。避免飲食過量，神經生長因子才會分泌旺盛，而這對大腦有益。為了你的大腦好，最好多少留意一下卡路里的攝取量。

☑ 3 多吃魚和魚油

魚類含有的 Omega-3 脂肪酸 DHA，是掌管學習、記憶、運動功能、語言、解決問題能力等的大腦灰質主要成分。**研**

究指出，攝取含有大量 Omega-3 脂肪酸的食物，有助於穩定情緒，開朗生活。生活動力的維持，有很大一部分受到心情影響，所以請盡量透過飲食攝取 Omega-3 吧。

☑ 4 攝取抗氧化食物

從三餐的蔬菜水果中攝取抗氧化物，能夠有效抑制造成身體氧化的自由基產生。**番茄、水果（尤其是柑橘類）、高麗菜、綠色蔬菜等食物抗氧化物的含量很多**，因此，平時別忘了要多吃。透過天然食物來攝取這些營養成分，比吃健康補給品的效果更好。

☑ 5 攝取低 GI 碳水化合物

體內最需要葡萄糖的部位就是「大腦」了。**攝取足夠的碳水化合物，才能夠讓大腦好好工作**。問題是，如果碳水化合物攝取過剩的話，胰臟就會分泌大量的胰島素以降低血糖；當血糖因為胰島素而急速降低，葡萄糖就會來不及進入大腦。為了維持大腦表現，不能只是攝取大量碳水化合物，也**必須考慮到血糖的穩定**。

攝取低 GI（檢測吃下食物後血糖上升程度的指數，也稱升糖指數）的碳水化合物，血糖值就不會急速升降，大腦的功能也能保持穩定。雖然有研究顯示，給不停解答難題、意志力逐漸耗盡的人喝「含糖飲料」，其意志力的恢復速度，會比喝「無糖飲料」的人更快，但事實上，**攝取高 GI 食物後，儘管短時間之內能夠恢復腦力，很快又會大幅下降**。

之前也曾流行低醣減重法（限制醣類攝取的飲食方式），不過，從減重的角度來看，攝取低 GI 的食物比不吃碳水化合物更為重要。

> ⏱ POINT!
>
> 讀到這裡，各位應該也發現了吧？「減重」、「活化大腦」與「美肌」的原理幾乎相同。「大腦的優質飲食＝獲得美容與健康」，可說是一石三鳥！

▏提高心跳數就能打起精神

白天精力降低時，起身做些輕鬆的運動，有助於恢復精力。日本卡內基訓練公司董事長葛瑞格・史多力（Greg Story）博士就**建議每小時活動身體，也就是提高心跳數**。心跳數只要拉高，就能將比平常更多的氧氣與營養送到腦部。前面提到的《運動改造大腦》一書，整理了關於大腦與運動的劃時代研究成果，書中介紹了一項在 2007 年進行的有趣實驗。研究者把 40 名 50 ～ 64 歲的成年人分成兩組，一組跑跑步機 35 分鐘，最大心跳率維持在 60 ～ 70%；另一組則是看電影。在運動和看電影的前後，都為受試者進行認知彈性測驗。結果，跑步組在跑步後的解答速度和認知彈性，都比跑步前提昇；而電影組的認知彈性在看電影前後則沒有改變。也就是說，**即使年齡漸長，大腦仍可以藉由運動，增加彈性**。

☑ 停止「整天坐著」的生活

澳洲的內維爾・歐文（Neville Owen）博士表示，日本人坐著的時間是全球最長，全球平均是5小時，日本人平均卻是7小時。

「久坐」對於血液循環和代謝會產生危害，並提高心絞痛、心肌梗塞、腦中風、糖尿病的風險。對大腦功能也有不良影響，包括：記憶力衰退、注意力散漫等。因此，別忘了定期活動一下身體，提高心跳數。想快速提高心跳數，要屬活動大肌肉的效率最高，換句話說，就算努力運動小肌肉，對心跳數的影響也不大。

全身最大的肌肉依序是：

第1名 大腿

第2名 臀部

定期活動這兩處肌肉效果最快，也就是說，**最有效率的運**

動就是「深蹲」。你或許會想：「已經累慘了，哪來的體力做深蹲？」一旦試過就會發現：「咦？剛才的疲勞感消失了！」這是因為血液循環提昇，大腦便醒了過來。最好的方式就是**每次去上廁所時，都在公司廁所的隔間裡做20下深蹲，像這樣把深蹲納入日常習慣中。**

🕐 POINT!

深蹲不只是對大腦有益，也有利於減重。習慣健身的人常說：「想要有六塊肌就去做深蹲！」因為腹肌原本就分成六塊，只是被表面的脂肪覆蓋才看不見的。換言之，只要消耗掉表層脂肪，自然就會看到六塊腹肌。只是腹肌運動消耗的卡路里太少，做大肌肉的深蹲消耗大量卡路里會更有效率。

恰到好處的午睡，
防止注意力渙散

覺得大腦疲勞時，睡午覺也是恢復大腦表現的好方法。

▌搭配「血糖值」進行午睡

英國前首相邱吉爾（Winston Churchill）最為人津津樂道的事蹟之一，就是他會睡1小時的午覺，甚至換上睡衣。

> 🕐 QUOTES!
>
> 「午餐和晚餐之間一定要睡午覺。而且不可以只是休息一下，必須換上睡衣、躺到床上去，我經常這麼做。別以為大白天睡覺會減少工作時間！缺乏想像力的人才會這麼認為。睡午覺反而能夠完成更多工作，一天就能做完兩天份，或至少一天半的工作量。」
>
> ——《睡眠革命》，雅莉安娜·哈芬登著

吃過午餐後血糖上升，大腦往往不夠清醒，即使醒著也無法發揮作用。這種時候乾脆去睡覺，也是一種方法。美國哈佛大學醫學院表示，人在上了年紀之後很難整晚安睡，**睡午覺不僅可以補足不夠的睡眠時間，還能提昇認知功能。**

▎午睡的禁忌

話雖如此，睡午覺也不是解決一切問題的萬靈丹。各位仍需遵守幾個睡午覺的注意事項。

- 不可在中午12點～下午3點以外的時間睡午覺
- 午睡時間不可超過15 ～ 20分鐘
- 不可在進行需要專注的工作之前睡午覺

☑ 不能太晚睡、不要睡太久

下午3點之後才睡午覺，會影響到晚上的睡眠；而午覺如果睡太久，也會導致晚上睡不好。如果下午3點後想睡，請站起來活動身體，轉移注意力，然後這天晚上早一點睡。

另外，午覺時間如果超過30分鐘，就會睡得太沉，所以最好避免超過20分鐘。一旦睡太沉，就算勉強醒來，也會殘留睡意和倦怠感，反而不會感到神清氣爽，醒來時也會覺得很痛苦。重點是：午睡時間的長度必須能夠讓大腦休息、又能爽快地醒來。就算不睡午覺，閉眼靜坐10分鐘，據說也同樣有效。

☑ 開車前避免睡午覺

午覺醒來後，因為慣性作用，大腦不會立刻以最快速度回到清醒狀態，所以從事開車等需要注意力和專注力的工作之前，請避免睡午覺。符合上述條件的適當午睡，可以舒緩大腦疲勞，有效提昇表現。一起把午睡納入生活中，並且精準控制在效能最佳的程度吧。

○ PLUS!

睡眠研究專家內村直尚（日本久留米大學醫學院神經精神醫學講座教授）表示，福岡縣內知名的升學高中，從2005年起，在下午上課前的15分鐘安排了午睡時間。實行超過6個月之後，學生的大學入學考試成績大幅進步了。在針對每週三次的午睡時間所做的問卷調查中，學生表示午睡讓他們下午比較不會疲倦、頭腦更清楚、上課更專心；此外，還有成績進步、身體變好等。對於午睡的效果，有76%的學生回答「很有感」，另外有83%的學生回答「有必要」。我想很多人的睡眠時間，都很難達到整整8小時，但只要利用午睡，就能在各方面帶來正向幫助。

以最高效率使用大腦

下午2點後，
禁止攝取咖啡因

　　我認為要幫助大腦保持有精神的狀態，不見得需要咖啡因。不過，許多人都有喝咖啡或茶的習慣，因此在本篇中，我將介紹真正有效的咖啡因攝取法。

┃ 咖啡因導致疲勞難以消除？

　　咖啡因的確有幫助專心的效果。對於大腦的作用，可以使我們提昇專注力、不易感到疲勞，同時也會增加腎上腺素，讓人保持清醒。《生時間》的作者傑克・納普（Jake Knapp）、約翰・澤拉斯基（John Zeratsky）表示，咖啡因的分子構造類似誘發「睡意」和「疲勞」的物質，因此**能夠騙過大腦，暫時抑制疲倦**。

　　換言之，當你感到疲勞「後」才喝就太遲了！必須在感到疲勞「前」喝，才能成功騙過大腦。也就是說，**想要維持表現，喝咖啡的時機很重要**。

☑ 別一醒來就立刻喝咖啡

許多人習慣一醒來就喝咖啡，不過，前面提到的兩位作者建議，在**早上醒來大約3小時之後才喝第一杯咖啡。**

早上不攝取咖啡因，是因為人體也會產生有清醒作用的荷爾蒙（皮質醇）。不需浪費咖啡因，等清醒荷爾蒙的作用衰退後，再喝下第一杯咖啡。

☑ 下午2 ～ 3點之後不攝取咖啡因

建議咖啡愛好者避免在接近傍晚時分喝咖啡。咖啡因的半衰期是5 ～ 6小時，換句話說，下午2點攝取的話，要到晚上7 ～ 8點，血液中的咖啡因濃度才終於剩下一半。也就是說，**下午4點以後喝咖啡的話，很有可能會干擾睡眠。**

到了下午2 ～ 3點之後，請記得改以其他飲料提神。這種時候我會選擇喝氣泡水。用氣泡潤喉，會獲得與咖啡不同的暢快感，也有助於提振精神。當然，考慮到血糖，建議選擇無糖飲料。

☑ 透過綠茶，攝取少量咖啡因

沒有喝咖啡習慣的人，或許可以試試看綠茶。**綠茶的咖啡因濃度比咖啡低，能以較緩和的方式吸收少量咖啡因。**濃咖啡會使血液裡的咖啡因大幅變化，因此，應該有些人的體質本來就更適合綠茶。

順道補充一點，有研究指出，在攝取咖啡因之後運動，可以提昇燃脂效果。目前已知咖啡因可以促進中性脂肪分解，也能製造「腦內啡」，帶來剛運動完的激昂感，因此能夠提昇身體機能。

咖啡因能發揮最大效果的時間，是喝完的45分鐘內。接著身體就會開始分解咖啡因，作用也會跟著衰退。也就是說，喝完咖啡後，過了30～45分鐘後再進行重量訓練，最能徹底發揮咖啡因的功效。

但是，美國妙佑醫療國際（Mayo Clinic）提醒，每日咖啡因攝取量不宜超過400毫克，相當於4杯熱咖啡的含量。熬夜工作時就想依賴的能量飲料，也含有大量咖啡因，飲用前請務必看清楚包裝標示，確認含量。在善用咖啡因力量的同時，也要小心不攝取過多咖啡因。

大腦討厭什麼都不做

原本很專心，等回過神來，才發現自己已經分心在做其他事，或不知不覺地開始上網……原因之一就是「大腦覺得無聊」。換言之，只要用心打造大腦不會厭倦的環境，就能夠提高生產力。

┃ 如何常保好奇心

大腦討厭沒事做。想想看，拿著智慧型手機的我們，只要一有空檔就會想要盯著手機螢幕看。搭電車時看看車內，會發現幾乎人人都盯著手機螢幕，有些人甚至連開車等紅燈的空檔，也會拿手機出來看。這全是因為**大腦討厭閒下來，甚至連幾秒鐘都不能忍受**。話雖如此，愈聰明的人，好奇心愈強，也因此難以忍受無事可做，然而，擁有好奇心並不是件壞事，這裡將告訴各位不用抹煞好奇心，也能順利控制大腦的方法。

我們的大腦充滿好奇心，經常想要獲得新資訊。美國喬治梅森大學教授陶德·卡什丹博士（Todd Kashdan）曾對1795位兒童進行好奇心調查，發現好奇心愈強的孩子，智商愈高。另外，卡什丹博士也耗時5年對2000名60～86歲的老年人進行調查，發現好奇心強的人比較長壽。

☑ 光是「期待」就會分泌多巴胺

大腦為什麼會感到無聊呢？其中最主要的原因，就是因為**對長時間進行相同工作覺得厭煩**。因此，為了讓大腦能夠不厭其煩地持續工作，建議大家為自己準備獎勵。根據美國鮑林格林州立大學教授亞克·潘克塞普（Jaak Panksepp）進行的研究，比起「得到獎勵」，**大腦在「期待得到獎勵」時，會分泌更多「幹勁荷爾蒙」多巴胺**。

你是否也有過類似經驗？有值得期待的約會時，一整天都精力充沛，就跟小朋友在遠足前一天睡不著一樣。「對於報酬的期待」可以產生多巴胺，利用這項特性，事先準備自己想要的獎勵當作報酬最有效。

以我來說，「若今天提早完成工作，就去看那部想看的電影」，像這樣把幾小時之後的電影設定為獎勵，就能夠產生幹勁。報酬獎勵可依照個人喜好設定，可以是甜食、漫畫，或是去哪裡玩等等，沒有侷限。

☑ 俄羅斯方塊也能活化大腦！

用俄羅斯方塊轉換心情，也是避免大腦厭煩的好方法。目前已知**俄羅斯方塊能夠活化腦部**。根據英國牛津大學的研究，俄羅斯方塊能夠使在記憶、注意力、知覺認知、思考、語言、意識方面扮演重要角色的**大腦皮質增厚**。比較每天玩30分鐘俄羅斯方塊、持續3個月的實驗組與對照組，就會發現大腦皮質明顯不同。

▎無聊其實有其作用

大腦討厭無聊，所以即使無所事事，也會自行思考起各種事情來。一般人常認為冥想很難，也是因為大腦的這種自動思考模式。然而，目前已知大腦的自動思考模式（也就是預設模式網路，Default Mode Network），其實能夠帶來創意。

在著作中討論創意思考的心理學家史考特・巴瑞・考夫曼（Scott Barry Kaufman）表示，**大腦會利用這段預設模式網路的時間整理記憶和資訊，也更容易連結各種資訊產生靈感**。常聽見淋浴時冒出新點子的小故事，也是這個機制的緣故。

透過考夫曼的研究可以得知，全球有72%的人都曾經在淋浴時靈光一閃（順便補充一點，這項研究雖然是與全球市占率第一的蓮蓬頭製造商 Hansgrohe 合作，不過結果還是很驚人）。刻意保留空檔時間，什麼都不做，你的腦袋就會進入預設模式網路。偶爾享受這種時光，也能有效提高創造力。

以最高效率使用大腦

擁有高品質睡眠，
才能維持專注力

現代人多半睡眠不足。根據目前的研究得知，**睡眠不足會大幅降低專注力、注意力、判斷力、記憶力等各種能力**。一項以老鼠進行的實驗發現，每天睡4～5小時，持續3天之後，與注意力有關的細胞就會減損25%。也就是說，**生物持續睡眠不足，頭腦就會變笨**。

▍需要睡多久才足夠？

美國國家睡眠基金會（National Sleep Foundation）建議，介於26～64歲的成年人每天需要7～9小時的睡眠。睡眠也是消除壓力、修復受損細胞的重要時間。在諸事不順的日子裡，睡一覺就會感到神清氣爽，這也是因為記憶在入眠期間進行了整理，消除壓力的緣故。可以說幸福的人生來自於優質的睡眠。

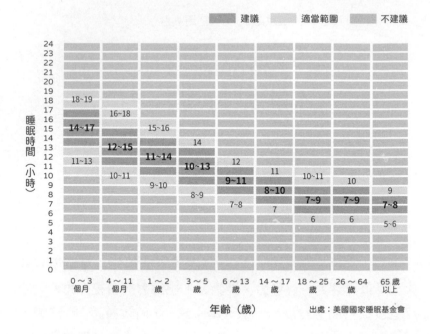

| | 建議 | | 適當範圍 | | 不建議 | |

出處：美國國家睡眠基金會

高品質睡眠的四大原則

安排時間表時，必須確保自己擁有充足的睡眠時間。除此之外，睡眠品質也很重要。提昇睡眠品質的關鍵有以下四點：

- 使身體疲憊
- 注意洗澡後到睡前的體溫
- 避免藍光
- 睡前4小時不吃東西

☑ 利用疲勞感，提高睡眠品質

身體疲累就會睡得更深沉。美國貝拉明大學與奧勒岡州立

大學的研究發現，**定期運動能夠改善睡眠**。相反地，身體不夠累時，就會變得淺眠，導致大腦無法順利消除疲勞。睡眠也是大腦的休息時間，所以如果睡眠品質差，不管睡多久，大腦的認知功能都會衰退。

現在大家只要整天坐著，就會接收到來自社群網站或電視的資訊，前所未有的龐大資料量，使大腦不堪負荷，因此很容易累積老舊廢物。徹底活動身體，才能幫助我們進入深層睡眠，讓大腦真正休息。

☑ 管理體溫，就能幫助睡眠

在第143頁提過，睡前90分鐘泡40度的溫水澡，有助於改善睡眠品質。除此之外，臥房的室溫對於提昇睡眠品質也很重要。法國里爾大學附設醫院的研究指出，最適合睡眠的室溫為攝氏16度～19度。人在睡覺時，體溫會下降，藉此把「該睡覺了」的訊號傳送給大腦，幫助休息。因此，當室溫過高，或穿太厚的睡衣時，都會妨礙深層睡眠。

☑ 藍光會抑制褪黑激素

智慧型手機和電腦螢幕的藍光，會抑制睡眠物質：「褪黑激素」的產生。一如第142頁提過的，睡覺時不要把智慧型手機或平板電腦帶進臥室。而且，至少要在睡前2小時停止看任何螢幕，切換成看書。

☑ 睡前4小時禁止進食

我在晚上8點之後就不會吃東西。這是因為**消化食物時，**

會干擾睡覺時分泌重要生長激素的功能。因此，如果希望自己能進入深層睡眠、幫助身心修復，就要讓身體在消化完畢的狀態下專心入睡。

Ⓛ POINT!

偶爾例外無妨，不過，原則上最好固定上床睡覺的時間。這是因為我們不可能一整天都隨心所欲，想睡就睡。睡覺是一天活動的「收尾」，如果沒有規定自己該睡覺的時間，就會東摸西摸，一不小心很晚才睡。

因此，事先定下睡前的一連串習慣很重要。我會設定晚上8點半的鬧鐘，從這個時間點開始，進行晚上的例行活動。鬧鐘一響，我就啟動以下的睡前儀式：「洗浴缸→放洗澡水→泡澡→吹頭髮→刷牙→準備第二天健身的運動服和水→帶著書上床」。我試過很多種方式，最後覺得最有效的做法還是先設定好鬧鐘，從「管好自己的第一個行動」開始。

以最高效率使用大腦

避免觸發「衝動腦」

多數人在下班回家之後就累到不支倒地，輕易敗給了誘惑。原木預計今天回家要做那個、做這個的決心，為什麼一到了晚上，就會兵敗如山倒？

▎別靠意志力抵抗誘惑

屈服於眼前的誘惑，並不是因為你缺乏意志力。前面提到，**壓力荷爾蒙一增加，大腦就抑制不了衝動**，所以無論如何，要抵抗誘惑都是非常困難的。為了避免這種情況發生，就必須徹底改變自己的行動和想法。

☑ 避免自我消耗

大腦一旦累到極限，就會觸發「衝動腦」。衝動腦一旦啟動，就算你想反抗也辦不到，一定會被牽著鼻子走。等到冷靜下來、想要控制時，就已經來不及了。你可以做的有：別

在冰箱裡放啤酒、拔掉無線網路電源避免上網看影片等，透過環境幫助自己從根源遠離誘惑。請記得：單靠意志力是無法戰勝衝動的。

除了從環境著手，以我來說，還會留意不讓自己過度疲憊。無計可施時就先離開、中途暫停工作，或是延長截止日，這些方法都能夠幫助你脫離眼前的困境。否則，這一整天到私人時間為止的努力，都會因為私人時間全部變成被動時間而付諸流水。

> 🕐 **TIPS!**
>
> 與自我消耗不同，另一種容易敗給眼前誘惑的狀況，則是「飢餓」、「憤怒」、「孤單」、「疲倦」這四種情形。在這樣的時候，意志力最為薄弱，因此必須特別小心，如果本來就有酒癮或藥癮、或是這幾種情況同時發生時尤其危險。

＼ **小心這些意志力最薄弱的時候！** ／

| ✕ 飢餓 | ✕ 憤怒 | ✕ 孤單 | ✕ 疲倦 |

☑ 藉由休息，恢復意志力

許多研究都顯示，意志力和肌肉一樣，是能夠加以訓練的，並且使用過度就會耗損。此外，**意志力可以透過休息恢復**。肌肉充分休息就會恢復，而休息對意志力的恢復也同樣有效。

因工作了一天而消磨掉你的意志力，在被衝動掌控之前，快找個能自在相處的對象聊天，或看看喜歡的搞笑影片等，一起恢復笑容吧。只要經過適度休息，就能找回抑制衝動的意志力。

☑ 提醒自己「可能因此失去的東西」

這個道理就跟一旦罹患重大疾病，原本一直失敗的戒菸或戒酒就會成功一樣；只要**一想到「可能失去的東西」，我們就會加強面對誘惑的警戒心與危機意識**。不妨想像壞習慣持續不斷的下場，幫助自己突破吧。

☑ 想起「為什麼」

減肥時，想像自己只要忍著不吃眼前的甜點，就能夠得到的苗條身材，據說非常有效。工作上，想像自己進行簡報時充滿說服力，企劃因此獲得上司和客戶認可也不錯。「為什麼」必須這樣做不可？好好提醒自己這一切的目的，就能夠找回幹勁。

用計畫管好大腦

用「計畫」比起用動力，更容易操控大腦。根據美國維吉尼亞大學心理學家提姆‧威爾森（Tim Wilson）和哈佛大學的丹‧吉伯特（Dan Gilbert）進行的調查，得到很有趣的結果。兩人訪問了去超市購物的顧客：「你肚子餓不餓？」等顧客購物完畢後，再請他們展示實際購買的商品。結果發現，回答「肚子餓」的人，買下許多原本不打算買的東西。但是，如果請受訪者寫下「購物清單」，再進入超市，回答「肚子餓」的人幾乎沒有購買計畫外的物品。

這代表與其在進入超商或超市之前「拿出幹勁」宣示「我今天不買零食」，不如**事先在紙上寫下「購物清單」，就能夠管理好自己的衝動**。大腦會依照狀況，想盡辦法滿足自身欲望，但是只要好好事先計畫，連衝動也能抑制。

第 5 章

維持高度專注力：
增加「時間密度」的方法

本章將介紹維持高度專注力的最新研究。

看完之後，你只需要 1 小時，

就能夠解決過去要花 3 小時處理的事情。

別以他人的要求為優先

除了極少數、大約 1 ～ 2% 的人之外，多數人的大腦其實無法多工。你以為的多工，不過只是任務切換而已。

▋大腦一次只能思考一件事

美國史丹佛大學神經科學家艾雅·歐飛爾（Eyal Ophir）博士說：「人類不能真正做到一心多用，我們只是在切換任務，**在不同任務之間非常快速地切換。**」挑戰看看：邊從 1 數到 10、邊寫會議紀錄。你一定會搞不清楚自己在做什麼。

我們無法同時處理兩件同樣要用到前額葉皮質[4]的事情。而且從一件任務切換到另一件任務，平均必須花上約 25 分鐘才能夠找回專注力，還會耗掉很多腦力（請見 P.82）。多數人在無意識的情況下，會利用會議空檔檢查電子郵件，或製作文件同時查看聊天 APP 的訊息，但是，其實每一次都會暫時打斷大腦的專注，需要重新把注意力集中在新任務上。

你是否覺得自己很忙，而且還搞得這麼累，一整天下來卻沒做多少事呢？一切都是因為自以為多工的任務切換，其實妨礙了大腦的專注與效率。

無法集中將導致大腦認知功能下降

最可怕的是，這種**任務切換會導致大腦功能衰退**。如果你沒有養成按部就班、好好理解資訊的習慣，而是經常在資訊和資訊之間快速切換，將會導致大腦習慣這種模式，並造成大腦理解力和記憶力的衰退。

換言之，我們需要練習的是：即使時間不長，也能全神貫注於一項任務，並提昇效率。**當我們聚精會神在一項任務時，就容易產生稱為「心流（Flow）」的沉浸專注狀態，能力也會比平常更強，心理上也能夠獲得滿足。**私人時間也一

---

4 位於大腦前方，負責掌管專注力、計畫、決策、想法、判斷等，是最高認知能力的控制中心。

樣,當你好不容易有機會做想做的事卻老是分心,就無法獲得滿足,因此別忘了提醒自己,專注在眼前這件事就好。

☑ 下定決心,不把他人的要求擺第一

容易分心的原因之一,是「渴望認同」。我們心中有一股很強烈且無法反抗的欲望,就是「希望獲得他人好評」。因此,總是很難拒絕別人的小小要求。

再說,對刺激做出即時反應、就這樣隨波逐流的活著,比起時時檢討自己的生存方式,要輕鬆許多。也就是說,在實踐接下來介紹的各種技巧之前,你必須先下定決心:

「我要更重視自己的願望,勝過別人的期望。」
「我決定自己的時間,要為己所用。」

關掉智慧型手機的通知功能

現代人的專注不斷受到干擾，最大的主因就是智慧型手機的通知功能。我們沉浸在被這臺小機器掌控的生活中，甚至會對隔壁陌生人的手機鈴聲做出反應，因而分心。

▎動手清理 APP

好不容易終於專心下來之後，為了避免智慧型手機的通知干擾，**請將所有通知都設定為關閉**。在智慧型手機的「設定」裡就可以調整，當然，鈴聲也要關掉。我建議電腦的通知也全部關掉。尤其是會彈出視窗的電子郵件提醒、喜歡的部落格或影片的更新通知等。因為就算當作沒看到或不去點開，專注力也一定會被打斷。不如就從「設定」中，將所有通知都關掉吧。

就連使用 Apple Watch，我也會關掉所有通知。因為我使用 Apple Watch 只是想要確認心跳數，可不是為了一邊慢

跑，一邊回覆工作電子郵件。現在，我已經能掌握自己運動的強度與心跳數的感覺，也就不再使用 Apple Watch 了。

另外，**一旦關閉通知，就會發現有很多幾乎不必要的 APP**。以前就算沒什麼急迫性，只要社群網站或網路新聞出現通知，我便不自覺去看，但只要沒有通知，就不會主動點開，過了一陣子發現，即使這樣也不會造成任何困擾。既然如此，我就開始思考，乾脆把主畫面上排得滿滿的各式 APP，直接刪一刪吧？

☑ 清算 APP 的數量

不妨現在拿起手機，算一下你的智慧型手機裡有多少個 APP？多數人應該都有超過100個吧。你是不是也嚇了一跳？然而，更可怕的是，不少人都有不止100個。而這麼多 APP 當中，你每天用得上的有幾個呢？

根據 APP 分析平臺資料而製作的《手機市場白皮書》（Fuller, Inc.）指出，2019年日本人平均擁有的 APP 為99.3個，其中會使用的 APP 數量僅有37.5個。兩週以上不會使用的 APP，或許只是因為「也許某一天會用到」、「為了看某資料必須下載」等原因而存在。可是，你需要的是「能夠讓自己現在的生活更便利」，而不是「將來某天會用到」的 APP。所以請重新思考：你真的需要那個 APP 嗎？

☑ 刪除不需要的 APP

用「數位排毒」的方法減少 APP 最為有效。這是《深度

數位大掃除》的作者、美國喬治城大學副教授卡爾·紐波特（Cal Newport）介紹的方法，進行的步驟如下：

1　為自己設定30天的重新開機時間，暫時停用所有非必要的科技產品。

2　在30天之內，尋找或重新發現值得嘗試的新樂趣。

3　結束停用期後，重新啟用原本停用的科技產品，瞭解每項產品對自己真正的好處，並發揮其最大功能。

　　換言之，**在進行數位排毒的同時，也要重新建立生活模式。**我們不應該當智慧型手機的奴隸，而是由自己決定想要過上怎麼樣的人生。科技產品只是生活的輔助，你必須自主選擇真正需要的功能。卡爾·紐波特認為，像這樣自己做出選擇，才能夠讓人生更充實。

　　數位排毒後，我目前保留的 APP 如下，事實上有這些就足夠了：

- 地圖和交通卡、計程車 APP 等交通輔助工具
- 行事曆和天氣、搜尋引擎等查詢用的 APP
- 電子郵件和 Messenger、Zoom、Dropbox 等工作用 APP
- 音樂和英語、食譜、Kindle 和 TED 等學習 APP
- Facebook 和 Instagram 等發送資訊的 APP
- 電子支付 APP

▎擺脫智慧型手機的制約

卡爾‧紐波特表示,嘗試過數位排毒的人,通常會開始參
與住家附近的志工活動、定期做運動、一個月閱讀3～4本
書,或開始學烏克麗麗。放掉原本片刻不離手的智慧型手
機,**就像擺脫詛咒,與家人相處的時間增加,與孩子之間的距
離也會縮短**。而且改掉一無聊就滑手機的習慣之後,也不覺
得有什麼損失。

也就是說,我們不是在享受科技帶來的好處,**多數場合只
是看著手機螢幕打發時間**。觀察一下,如果你發現自己的生
活因為黏著手機,而產生許多被動時間,就不適合碰手機。

☑ 直接設定「關機時間」

在刪除 APP、不再老是把手機擺在手邊的同時,卡爾‧紐
波特也建議要**為智慧型手機設定「關機時間」**。晚上9點～早
上7點,請直接把手機的電源關掉。這麼一來,手機就不會

在不知不覺間耗掉你大量的時間。紐波特的一位朋友就買了手錶，因為他認為浪費時間的原因之一，就是為了看時間而拿起智慧型手機。

討論至此，大家應該可以理解，單是**摸手機、看手機等單純的接觸，都會觸發被動時間**。人類天生懶惰，往往認為利用網路加深友誼更方便，因此，比起特地去朋友家祝賀小孩出生，我們會選擇用通訊軟體傳送祝福訊息。可是，透過這種方式培養出來的友情，遠不及實際碰面祝賀；因為人人都知道網路訊息代表的不見得是真實的情緒和表情。

現在，智慧型手機也正在**浪費你與此刻在身邊的人相處的時間**。即使正在與面前的對象討論嚴肅話題，只要手機的鈴聲一響，或螢幕上跳出通知，我們就無法完全忽略不理。想要掌握自己的人生，就必須與智慧型手機保持距離。而且，請時時刻刻提醒自己，全神貫注在眼前的「這一刻」。

🕐 PLUS!

鬧鐘、購物清單、計步器……現在智慧型手機囊括了所有功能，已經是不可或缺的科技產品；但是，智慧型手機同時也是導致我們做任何事都分心的原因。

早上關掉鬧鐘，就會看到電子郵件通知；想要打開備忘錄，卻注意到新聞通知。你經常暴露在電子郵件、訊息、社群網站的誘惑當中，而這一切，都是其他人想要奪走你的時

間，以換取金錢的設計。因此，我也建議有些物品不妨恢復使用過去非數位的傻瓜產品。例如：鬧鐘就用實體的鬧鐘、購物清單就寫在便條紙上、計算步數就用傳統的計步器。這樣的生活，反而能夠帶來更高的滿意度，這可是幾年前的我不曾想像過的（笑）。

設下界限，遠離社群網站

《真正的快樂處方》作者、精神科醫師安德斯·韓森表示，**現代人一天平均觸碰智慧型手機超過2600次**。他透過各種研究發現「人類對於擾亂專注力的東西沒轍」，並對此感到驚訝。以前直接面對面的社交場合，開始移到網路上，依照趨勢，往後人類使用智慧型手機的時間也會愈來愈長。看電視、報紙等的時間，也全都轉移到了智慧型手機上。

▌你上癮得多嚴重？

安德斯·韓森表示，人們對於智慧型手機嚴重上癮，**已經可以算是「新興毒品」了**。原因在於自古以來為了生存，大腦會在「知道新資訊」時產生快樂物質多巴胺以當作獎勵。

到了現代，這些「新資訊」都是透過智慧型手機和電腦傳遞給我們。每按下一次新通知，都會產生多巴胺。而且能夠獲得新資訊的「期待」，促使腦分泌出更多的多巴胺。一聽

到通知音效就以為：「可能有要事聯絡」，於是隨時隨地都拿著手機。再加上社群網站的按讚數等反應，滿足了「渴望獲得認同」這項欲望，也讓手機上癮症變得更加嚴重。

☑ 科技界巨擘，不讓小孩碰智慧型手機

社群網站的確很方便。它們讓你能夠與從前的同學或朋友重逢、獲得最新流行資訊、追蹤自己偶像的活動，或是瞭解自己崇拜的人過著什麼樣的生活，我認為社群網站是令人愉快的工具。

但是請各位別忘了，社群網站也非常容易上癮，有其危險性。賈伯斯提過，他甚至不讓 iPad 出現在自己的小孩身邊。比爾・蓋茲在小孩14歲之前也不准他們使用智慧型手機。**蘋果公司創辦人和微軟公司創辦人都不約而同地阻止自己的小孩使用，證明智慧型手機容易上癮是事實。**

刪除社群網站 APP

另一方面，因為社群網站而不小心就在網路上亂逛的情況也是一大問題。因此，我盡可能不看社群網站，只用來分享資訊。當然，如果有想看的資訊或需要確認客戶等，必要時我還是會使用，但不是用智慧型手機，而是用電腦的瀏覽器，透過搜尋引擎上去看。

我就是要故意自找麻煩，讓自己有時間想想——這些內容，值得我花那麼多功夫去看嗎？用這種方式設下重重難關，就會讓我半路警醒，回過神來告訴自己：「好，這個內容

我再看幾分鐘，今天上社群網站的時間就到此結束。」

我會看向時鐘，規定自己：「看到幾點幾分就關掉。」我想有很多人也許會說，因為有些朋友只透過社群網站交流；但是，**你或許該重新思考，對方是你寧可改變生活步調，也要維繫關係的人嗎？**習慣不細想就按讚，正是因為你沒有考慮過你與對方的關係及付出的平衡。如果是真正想見面的朋友，應該可以用電話或電子郵件聯絡，對吧？

▍喪失「思考能力」的一代

《深度數位大掃除》的作者卡爾・紐波特表示，1995年以後出生的年輕世代有某種傾向：他們不喜歡孤獨，隨時都想要與世界連結，導致心理健康出問題的年輕人愈來愈多。戀家、厭食、憂鬱等症狀原本就好發於十幾歲的人身上，而且**罹患焦慮症的人有急速增加的趨勢。**

費時25年進行調查的世界級專家，在美國雜誌《大西洋》（ *The Atlantic* ）月刊上發表文章指出，「十幾歲群體的憂鬱症與自殺率正急速上升」。對於這個現象，長期觀察學生的知名大學精神保健中心所長認為，會不會是沒完沒了的社群網站交流，導致學生的腦中物質發生某些變化？會這樣想無可厚非，因為**校園內焦慮症急速增加的時期，正好就是被智慧型手機和社群網站養大的世代入學的第一個學年。**

在社群網站問世之前，當然也有受不安折磨的年輕人。可是，頻繁受到刺激的現代孩子，**沒有時間回顧自己的情緒，**

第**5**章

維持高度專注力

沒有時間思考自己沒說出來的真心話，更沒有時間問自己真正覺得重要的是什麼，他們不但被剝奪時間，也喪失了思考能力。尤其社群網站上的人，只會擷取日常生活中格外美好的場面。一直看著這些，精神上產生不適也是無可厚非。

成年人的情況應該也一樣。只對強烈刺激產生反應的人生，缺乏充實與幸福。我們有時也需要一個人獨處的時間。與人實際面對面說話，看著對方的表情，感受聲音情緒，進行交流，這種社交能力在生存上不可或缺，也不是網路上的人際關係可以取代的。然而，多數成年人的社交能力，也因為過度沉溺在網路交流而逐漸退化。

我相信有些人對於戒掉社群網站會感到不安，擔心錯過第一手資訊。但請仔細思考：相較於看些不愉快的發文而破壞自己的心情、收到一看就讓人心情變差的訊息等壞處，戒掉社群網站，進而增加私人時間，我認為好處更多。社群網站上沒有任何東西是錯過可惜的。

訓練你的「專注肌」

根據目前的研究，我們已經知道可以透過適當的訓練提昇專注力。訂下「這2小時一定要專心把這件事完成！」的目標，在這個前提下，貫徹專注力的訓練吧。

首先是整理環境，讓視線範圍內沒有讓人分心的物品（請見 P.82）。接著，必須防止同事過來找你說話或有電話打來讓你分心。如果在辦公室裡容易分心，就暫時躲進會議室，或改到咖啡店工作，採取具體行動，徹底隔絕干擾。

▎動手分割你的時間

確認環境沒問題後，請開始分割你的時間，一次只專注在一件事情上。就算在設定時間內半途分心，也絕對不可以改做其他事情。剛開始，你一定會忍不住想要查看電子郵件，或是想處理臨時想到的案子等等，但請一次一次地把注意力拉回來。這樣的反覆練習，能夠幫助你訓練大腦的專注力。

總之，一發現就停下動作，大大深呼吸之後，再次把注意力拉回眼前的工作上，繼續進行。

當然，智慧型手機也要收進包包之類眼睛看不到、也無法隨手拿起的位置，最好是連震動聲都聽不見的地方。

☑ 訂出自己的節奏

究竟我們可以專注的時間有多長呢？儘管有各種說法，但一般來說，人的專注力維持**深度集中的時間是15分鐘，淺度集中最多也只能維持90分鐘**。以我來說，最容易成功的時間間隔是「專注工作60分鐘，休息10分鐘」，不過每個人的情況不同，我建議各位可以利用計時器設定不同的時間長度，進行測試。不管採用哪一種時間間隔，**如果中間沒有穿插時間讓大腦休息，專注力降低，表現就會下滑，所以時間間隔很重要**。

☑ 新手最適合的「番茄鐘工作法」

或許有些人會覺得自己沒辦法專注60分鐘，這時候，可以從番茄鐘工作法開始挑戰。番茄鐘工作法是義大利管理顧問法蘭西斯科・西里洛（Francesco Cirillo）所創的時間管理法，方法為用**計時器設定每工作25分鐘後，短短休息一下，設為一組**。多數人會把休息時間設定為5分鐘，也就是一組剛好30分鐘。

利用這個方式，可以將工作設定為幾個循環，就不會過度消耗意志力，而且能夠長時間專注在重要工作上。順便補充

一點，做完四組番茄鐘後，可以進行30分鐘的休息。

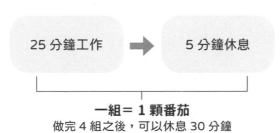

一般人平常的工作型態，都是在忙於工作的同時檢查電子郵件，或一邊跟同事聊天一邊工作等。對於習慣這種工作方式的人來說，花費25分鐘、只專注在一件事情上，可能會覺得度「秒」如年。但是，等到抓住節奏後，專注狀態就會讓人產生快感，工作結束後，也會覺得神清氣爽，請各位務必試試。

☑ 重複「再一下下」，順暢保持專注

在此推薦方便進行番茄鐘工作法的 APP「Focus To-Do」。只要在任務欄寫下今天必須做的事，按下開始鍵，APP 就會自動開始倒數25分鐘。過了25分鐘，響起「叮」音效的同時，就會跳出「休息5分鐘」的開始鍵。按下開始鍵，會開始倒數5分鐘。

只要單純跟著指示，不斷地重複同樣的流程，就能夠保持專注。

維持專注的關鍵，在於25分鐘通常都是工作正順的時間點，會想要快點進入下一個循環，也因此能持續好幾個循環。工作最忙的時候，我曾經不知不覺地連續做了24組番茄鐘，連自己都嚇了一跳（笑）。

> ⏱ TIPS!
>
> 在休息期間，請盡量不要碰智慧型手機。休息是為了讓大腦休息，因此用其他刺激活化大腦，並不是好方法。你可以稍微伸展並放鬆肌肉，或是在原地深呼吸放鬆。我最常做的是輕鬆地原地跳或原地踏步。動一動久坐的身體，能改善血液循環，把氧氣送進大腦，也更能提昇後續工作的效率。

▌鍛鍊最強專注力

專注力像肌肉一樣，是可以鍛鍊的，但是，就跟剛開始做肌肉訓練時相同，會感到吃力；反過來說，如果不經常使用，也會慢慢退化。對於經常一心多用、許久不曾專心做一件事的人來說，訓練專注力或許就跟重回好久沒去的健身房一樣困難。

不過，重點是**沒有人「任何時候都能專注」**。有些人在看書時可以專心，但瀏覽資料就會缺乏專注力；有些人做菜時很專心，但是深入思考人生就會分心。之所以有這樣的差

異，是因為在學習這些事的過程中，一個人究竟**「有沒有好好培養專注力」**。因此，只要選定往後想要專注的項目進行訓練，不管是看資料或是深入思考人生，你一定都能學會集中。有了最強專注力，不僅用於工作，更能在從事嗜好和娛樂時加倍投入。

運用深呼吸，消除大腦疲勞

大腦覺得疲憊時，最有效的緩解方法就是好好做幾個深呼吸。大腦一旦缺氧，就會思緒凌亂，不如現在就來做幾個深呼吸，把氧氣送進大腦吧。

▍小心「螢幕呼吸中止症候群」！

「螢幕呼吸中止症候群」是曾任微軟公司研究員，後來為《WIRED》雜誌、紐約時報等撰稿的作家琳達・史東（Linda Stone）提出的主張。

「螢幕呼吸中止症候群」是指當人在盯著智慧型手機和電腦螢幕時，不自覺就會停止呼吸或呼吸變淺。根據調查，美國約八成使用者都有這種傾向。呼吸變淺的原因，通常認為是因為多數人在看螢幕時都會駝背所造成。**一旦駝背，肺活量至多會減少30%。氧氣不足，就會直接降低大腦的認知功能。**也有說法指出，螢幕發出的藍光會讓大腦持續清醒，刺

激心跳數上升，因此造成呼吸變淺。雖然說平時就應該注意姿勢，但在專注工作時，其實很難有所察覺。所以必須設定時間，固定伸展背部，做做深呼吸，好把氧氣送到大腦裡。

▎讓「冥想」成為習慣更有效

很多專家表示，冥想有助於提昇專注力。大家都知道Google 發源地的矽谷一帶很流行冥想。實際上，也有科學證據顯示長期持續冥想，能夠提昇專注力。

既是心理學家也是神經科學界全球權威的理查‧戴維森（Richard J. Davidson），在就讀哈佛大學時進行一項實驗。他一共募集了58 位冥想經驗不等的受試者，調查他們的差異。結果發現，**「冥想年數愈長的人，愈少感到不安，對事物的專注力也較高」**。早晨冥想當然很棒，而在感到疲勞時冥想幾分鐘，也能快速恢復專注力。

☑「冥想一分鐘」，瞬間提昇專注力

在我覺得頭腦極度疲憊時，會在智慧型手機上設定1 分鐘的倒數計時，然後閉眼深呼吸，把注意力集中在意識上。即使不是太累，只要遇到「接下來要做高難度工作」，或感覺自己的意識散漫時，我也會這樣做，這樣一來，瞬間就能夠提昇專注力和動力。冥想時不用太講究姿勢，如果你在辦公室，坐在椅子上，雙手掌心朝上放在大腿上，骨盆保持中立，慢慢深呼吸即可。

掌心朝上，雙手放在腿上，輕輕閉眼，慢慢從鼻子吸氣，從嘴巴吐氣。

坐在椅子上，保持骨盆中立（背部不要靠在椅背上）。

　　無法專心時，可以播放 Apple Music 的「平衡身心」歌單，閉上眼睛，**把意識集中在音樂上，放空腦袋**。光是這樣做，在睜開眼睛時就會感覺神清氣爽。

▎生活中是否有「靈光乍現」的時候？

　　曾獲得普立茲獎的《華盛頓郵報》記者溫加騰（Gene Weingarten）做過一個有趣的社會實驗。他請一位年輕人身穿 T 恤、頭戴棒球帽，在美國首都華盛頓早晨尖峰時間的地鐵站演奏小提琴，並利用隱藏攝影機，觀察行人的反應。

　　這位年輕人共演奏了 6 首古典樂，演奏時間約 43 分鐘。經過他面前的行人超過 1000 人，可是，**包括停下約 1 分鐘的人在內，總共只有 7 人停下腳步**。小孩子都會停下來聽，但也都在父母親的催促下離開。

事實上，這位演奏者是過去有神童盛名的知名小提琴家約夏‧貝爾（Joshua Bell）。演奏曲目是以高難度聞名的巴哈小提琴協奏曲，現場使用的是價值高達350萬美元的義大利史特拉底瓦里小提琴。幾天前，約夏‧貝爾剛舉辦演奏會，當時的門票一張是100美金。不過只是換個地點表演，願意停下腳步的人就只剩下7個。當然這是很極端的例子，甚至有點惡作劇的成分在，但是如果在日本或台灣進行同樣的實驗，有多少人敢說自己會停下腳步呢？

　　看完這個例子，你是否感覺到：**我們很可能為了趕時間，而錯過身旁許多美好的事物？** 繼續汲汲營營，人生就會充滿錯過。平時不妨多利用冥想和深呼吸平靜心靈，就能夠發現更多改變人生的珍貴瞬間。當你忙著處理眼前事物的同時，別忘了稍微花點時間，進行冥想和深呼吸。養成習慣，就能活得更加從容自在。

POINT!

提到冥想，大多數人會覺得很困難，或者以為必須摒除雜念，集中注意力。但我認為，平時的冥想不用太多限制也無妨。即使心生雜念也無須在意，只要想著「這是雜念」就好。接著，再度緩緩吸氣、緩緩吐氣，反覆進行直到預定的時間結束，不需要太多規矩，光是這麼做，就會感到神清氣爽。

☑ 透過外在姿勢，改變心理狀態

另外還有一招是利用改變姿勢來轉換心情，與冥想有些不同。哈佛大學商學院教授艾美·柯蒂（Amy Cuddy）曾在研究中提到「權力姿勢」，她認為，達成目標時，以姿勢表達自己的喜悅，更能夠增加能量。在這裡介紹其中一個最具代表性的姿勢。把雙腳打開與肩同寬，雙手插腰，抬頭挺胸，下巴略往上抬，接著大口吸氣、吐氣，來回做三次。你是否覺得更有精神了？

心靈一旦生病，身體也會受到影響；同樣地，身體也會影響心理。擺出充滿活力的姿勢，就能夠找回心的力量。順便補充一點，艾美·柯蒂建議在每天早上進行，不過，我覺得在腦袋疲憊時做也很有效。

下午用「充電散步」
幫助頭腦運轉

不管你睡得多飽，到了下午大腦還是會疲倦，專注力也會因此下滑，而能夠幫大腦找回精力的，就是午後散步。

▎「走路」就是有這麼棒的效果！

經由研究已知，散步能夠有效提昇大腦功能。美國史丹佛大學博士生瑪麗莉·奧帕佐（Marily Oppezzo）在 TED 演講時發表過一項有趣的研究。該研究將受試者分為三組，分別接受兩次創意點子測驗。第一組的兩次測驗，都是一邊走跑步機一邊進行。第二組的第一次測驗是一邊走跑步機一邊進行，第二次則是坐著進行。第三組的兩次測驗都坐著進行。

結果，**一邊走路一邊測驗組想出的點子，是坐著測驗組的兩倍**。但是，第一次邊走邊測驗、第二次坐著測驗組，與兩次都邊走邊測驗組，並沒有太大的差別。由此可知，**走路後，大腦的活性就能維持一段時間**。另外，走路對於心理上也有

正面影響，目前已知**走路的效果包括：減輕不安、減輕壓力、提昇幸福感等**。再加上走路也能夠有效減重、預防心臟病、降低血壓等，改善健康。不管怎麼看，走路都會為我們帶來好處，找不出任何缺點。

☑ 每天在固定時間走路

最理想的做法是每天散步或輕鬆慢跑20分鐘，就算只有10分鐘也沒關係。無須特別規劃散步時間，只要午餐選在較遠的餐廳，就等於擁有走路的時間。走路1小時太過辛苦，不過如果是10～20分鐘，應該人人都可以擠出時間來。配合每天的行程，事先訂好時間，就很容易養成習慣持續下去。

以我來說，我會在午餐之後到附近走走，雖然只是10分鐘，沒有到需要列入行程表的程度，但這樣就足以**幫助午餐消化，防止血糖上升與想睡**。

☑ Google 員工也在做的步行冥想

走路還可以進行「步行冥想」。Google 公司的員工訓練課程 SIY（Search Inside Yourself）也有採用這個方法，重點是像冥想一樣，把注意力放在「走路」上。慢慢地走，讓注意力集中在手的擺動、腳的感覺等。通常走不了多久，就會冒出雜念，所以要反覆地讓注意力再度集中在走路這件事上。透過這種方式，也能夠訓練專注力。

☑ 純粹享受走路樂趣

話雖如此，步行冥想需要高度的技巧與專注力，只是純粹

享受走路樂趣也很不錯。走路時，我們會因為看到的事物得到刺激，產生「天氣很好」、「風很冷」等感覺，因此能夠單純地感受「當下」。**專心感受當下，就能夠擺脫對未來的不安，減輕壓力。**

德國哲學家康德每天固定會在鎮上散步1個小時。他一定會在下午固定的時間經過，所以鎮上的人一看到康德，就知道現在是幾點鐘。其他還有亞里斯多德、尼采、佛洛伊德、狄更斯、貝多芬等，許多思想家與藝術家們平常也都有散步的習慣。尼采甚至留下「所有偉大的思想均源自於漫步」這句話。

近年來的研究也認可散步的科學效果，尤其是在大自然中散步，能夠引起大腦的生理變化，減少焦慮和壓力，使大腦的狀態跟冥想時一樣，也會有更多創意誕生。

> ⏱QUOTES!
>
> 「我每天至少必須有4小時——多數時候甚至不只——遠離世事，走在森林、山丘、原野上，否則無法維持身心健康。」
> ——《湖濱散記》，梭羅著

☑ 工作累了就起身走走

除了午後散步之外，疲勞時，隨意走走當作休息也十分有效。在公司裡閒晃也可以，下到一樓再爬樓梯上樓也可以，

不但能夠轉換心情，也能夠促進血液循環，使能量增幅。腳被稱為人體的第二顆心臟，就像幫浦一樣，負責把因重力而經常累積在下半身的血液送回心臟。換言之，**活動雙腿，就能夠改善血液循環，把氧氣輸送到腦部。**

☑ 嚼口香糖也有效

如果你的工作狀況很難離開座位站起來散步，嚼口香糖也會有幫助。血清素研究權威有田秀穗教授表示，**包括咀嚼在內的節奏運動，已知能夠產生「療癒荷爾蒙」血清素，幫助減輕壓力。**據說，德國南部一間小學的老師鼓勵學生在上課時嚼口香糖。這麼做當然是為了緩和壓力，提昇專注力。

> ⏱ Point!
>
> 美國聖勞倫斯大學的心理學團隊進行一項實驗，要求159名學生破解由隨機數字重複構成的困難邏輯題。解題時，有半數學生一邊嚼口香糖一邊解題。結果，嚼口香糖的學生在六項測驗中，有五項都比沒嚼口香糖的學生表現得更出色。由此可知，專注力與嚼口香糖之間密切相關。

☑ 散步是切換開關

在英國進行的一項調查指出，COVID-19使得民眾被迫遠距工作，結果導致民眾因「工作與私人生活無法分開」而壓力大增。因此，英國的國民保健署（NHS）建議在工作開始

與結束時「快走20分鐘左右，假裝在通勤上下班」。吸收新鮮空氣有助於舒緩心情，眼睛感受到陽光能夠調整生理時鐘。因為遠距工作等原因，導致心情無法調劑時，散步就是很好的切換開關。

創造心流狀態

專注力達到最高峰的狀態稱為「心流」。

心流狀態是心理學家米哈里・契克森米哈伊（Mihaly Csikszentmihalyi）提出的見解，意思是**全神貫注到廢寢忘食的狀態**，也就是極度專注的境界。或許有很多人是從運動選手等的訪談中聽到這個詞彙。如果自己也能夠創造出心流狀態，該有多好呢？

▌極度專注會發生的情況

針對心流狀態與巔峰表現做過調查的史蒂芬・科特勒（Steven Kotler）與傑米・惠爾（Jamie Wheal）表示，「人一旦進入心流狀態，專注力就會提昇到極致，看不到其他任何東西」，還有「身心兩方面的所有表現都會超越極限」。

疲勞或空腹等身體知覺、對於金錢與健康始終抱持的不安

都會消失，時間的感覺也是。人的注意力有極限，所以在心流狀態下，全神貫注於眼前的工作時，就沒有多餘的注意力分給其他事物。

在此狀態下，大腦的前額葉皮質也會停止對自己的批判。對自己比任何人都嚴格的就是自己。「反正你又會失敗」、「就是因為你老是畏畏縮縮才無法成功」等不時從自己心中冒出來否定自我的念頭，也全都會消失。

負面思考與不安經常妨礙專注。想想那些念頭一旦消失，你能夠多麼投入於眼前的事物呢？光是想像就覺得很美好，對吧？

▎心流狀態產生的條件

按照米哈里・契克森米哈伊的說法，心流狀態會在符合下列條件時發生：

- **挑戰略有難度的事情**
- **發揮高度技能的事情**

全神貫注在鋼琴演奏、運動的狀態，就是如此吧。電玩遊戲的設計也是利用這種方式，使玩家沉溺在其中。我們也可以把這點應用在工作上。

☑ **確實訂出眼前有可能達成的目標**

即使一週排程已經擬定妥當，在開始工作之前，也要確實檢視今天一天的目標，好好記住自己必須解決的課題，藉此

提昇動力。另外，事先訂好下班時間，就可以利用「時間壓力」提高專注力，更容易忘掉其他事情，聚精會神在完成課題上。

☑ 重新思考自己的工作意義

你喜歡自己的工作嗎？你覺得自己的工作為誰帶來什麼樣的幫助？假如無法立刻回答，請重新考慮一下是否要換工作。是否認為自己的工作有價值，也是創造心流的重要因素。

☑ 進行挑戰

當工作過於上手之後，就會開始覺得「每天都一樣」，**失去感動或感到無趣，正好與心流狀態相反**。從事太過簡單的工作，也無法進入心流狀態。心流狀態會在挑戰有點難度的事物時發生。所以有時也試著挑戰新事物吧。

☑ 繼續成長

不管是樂器演奏或運動，想要樂在其中都需要某些程度的技術。工作也一樣，而追求心流狀態更是有必要。

契克森米哈伊在 TED 演講中提到：「想要主動體驗自發性的心流狀態，就必須具備某種程度的技術。」

也就是說，**想要體驗心流，你必須讓自己持續成長**。如果你想偷懶、得過且過地做事，是不會有任何樂趣的。請務必要把吃苦當成吃補，讓自己成長！

心流狀態不僅是為了提昇工作表現，也是一種清楚明確的

快感。腦內荷爾蒙大量釋出，並且在全神貫注之後感受到幸福，這不是過去參加社團活動或念書時能夠體驗到的感受。

心流狀態已經透過科學證實能夠提昇幸福感。只要體驗過就會有新發現，湧出新點子，變得積極，充滿迎向明天的活力。以先從嗜好開始也可以，挑戰極度專注的心流狀態吧。

⏱ Plus!

Google 公司鼓勵員工參加全球最大的藝術狂歡盛典「火人祭（Burning Man）」，體驗心流狀態。火人祭是一年一次，在美國內華達州沙漠舉行的祭典活動。參加者必須自備衣服、食物和水、帳篷等必需品，在沙漠中生活一週。

這段期間，要做什麼都可以，與社會地位或財富無關，可以隨心所欲做喜歡的事，或是與其他參加者互相幫忙做想做的事。各位只要上網搜尋「火人祭」就能感受到參加者對此活動的熱忱，不僅服裝很用心，帳篷也裝飾得很時尚。

特斯拉的執行長伊隆・馬斯克（Elon Musk）甚至說過：「沒去過火人祭就沒資格說是矽谷人。」他還表示，參加火人祭是很棒的體驗，能夠大幅提昇創意。據說 Google 的創辦人賴利・佩吉（Larry Page）與謝爾蓋・布林（Sergey Brin）兩人也一定會每年參加。

最美好的人生就從現在開始

人在將死之際最後悔的事，據說是「我應該要減少工作時間」、「對自己誠實」、「跟重要的人在一起」。

本書就是為了讓各位不再有這種遺憾而寫的。

讀完這本書，你的時間應該會大幅增加，不僅如此，因為下列這六個原因，你往後的人生也會升級。

❶ 變健康

學會時間管理，自然就會懂得有效利用白天時間、調整生活步調、注意飲食或開始運動，因此健康也會大幅提昇。

❷ 釐清人生的優先順序

學會時間管理，你就會把「對自己真正重要的事情」放在第一。以結果來說，就能夠擺脫「重要事情沒做完」的壓力，情緒也會更穩定。另外，思考時間的使用方式也會讓你覺得

正在掌控人生。心情也會更加安定。

❸ 整理人際關係，拉近與重要對象之間的距離

學會時間管理，你就懂得預先保留時間給家人、與自己相處。跟重要的人相處時，也能夠把注意力放在對方身上；心情寬裕之後，也會減少情緒化的爭執。

另一方面，你會重新檢視並減少跟「不想相處的人」在一起的時間，人際關係就會好轉。

❹ 成長

如同本書介紹過的，時間管理不是長時間工作，也不是精簡時間，而是決定一天二十四小時都為了自己而用。不管任何任務都要「為了自己」而努力，這才是本書談「時間管理」的目的。

全神貫注在自己重視的事物上，藉此更明確自己的目標，你也會逐漸成長。

❺ 有多餘的心力思考經濟問題

金錢買不到幸福人生，但人生中，錢卻扮演非常重要的角色。忙碌時就沒時間考慮投資、省錢、換工作等，只會想著等以後有空再考證照、經營副業、創業獨立等增加收入必須的事情。

時間管理讓你有餘力思考未來，能夠採取行動增加收入，也就與你的經濟狀況直接相關。

❻ 創造幸福人生

每個人擁有的時間都一樣，無法利用任何方式增加，但我們可以選擇「要拿被賦予的時間來做什麼」。

一天二十四小時、一週一百六十八小時，具體檢視自己利用這些時間進行的活動，再換成更適合的活動，才能夠創造幸福人生。

COVID-19造成全球疫情大流行，破壞了原本以為理所當然的生活，多數人因而無法外出，必須忍耐到疫情緩和，不得不消極地在小圈圈中過生活，肯定很多人對於這種狀況都感到不安和壓力大。

重新審視自己使用時間的方式，你應該能夠找出空檔嘗試新事物。

假如你能夠因此而有「原來我還有那麼多事情沒試過！」的想法，身為作者的我會感到很欣慰。

最後要感謝白井編輯給予我諸多的建議和協助。

池田貴將

參考文獻

| 第 1 章

《習慣力：打破意志力的迷思，不知不覺改變人生的超凡力量》溫蒂·伍德（Wendy Wood）著，天下雜誌

https://www.oecdbetterlifeindex.org/topics/work-life-balance/

https://www.ncbi.nlm.nih.gov/pmc/articles/PMC1333957/

https://www.nbcnews.com/better/health/what-happens-your-brain-when-you-binge-watch-tv-series-ncna816991

https://www.researchgate.net/publication/24207426_The_Contribution_of_Active_and_Passive_Leisure_to_Children%27s_Well-being

《史丹佛大學的情緒修復運動課：重塑大腦，自動產生內源大麻、腦內啡，徹底解放壓力、人際焦慮和孤獨感》凱莉·麥高尼格（Kelly McGonigal）著，方言文化

《實現：達成目標的心智科學》海蒂·格蘭特·海佛森（Heidi Grant Halvorson）著，日出出版

| 第 2 章

《未來工作在哪裡？：決定你成為贏家或新貧的關鍵》林達·葛瑞騰（Lynda Gratton）著，天下文化（已絕版）

《創作，是心靈療癒的旅程》茱莉亞·卡麥隆（Julia Cameron）著，橡樹林

《快思慢想》丹尼爾·康納曼（Daniel Kahneman）著，天下文化

《尼各馬科倫理學》亞里斯多德著，商務印書館

《Lifting Depression: A Neuroscientist's Hands-On Approach to Activating Your Brain's Healing Power》凱利·蘭伯特（Kelly Lambert）著（無繁中版）

《增強你的意志力：教你實現目標、抗拒誘惑的成功心理學》羅伊·鮑梅斯特（Roy F. Baumeister）、約翰·堤爾尼（John Tierney）著，經濟新潮社

https://www.dhbr.net/articles/-/4307

| 第 3 章

《決斷 2 秒間：擷取關鍵資訊，發揮不假思索的力量》麥爾坎·葛拉威爾（Malcolm Gladwell）著，時報出版

《用腦，要用對方法！：大腦變快樂，你就變聰明！》茂木健一郎著，時報出版（已絕版）

《大思考，微解說：150 個擺脫偏見的思考準則》約翰‧柏克曼（John Brockman）著，商周出版

《結果を出せる人になる！「すぐやる脳」のつくり方》茂木健一郎著（無繁中板）

《Order from Chaos: A Six-Step Plan for Organizing Yourself, Your Office, and Your Life》利茲‧戴文波特（Liz Davenport）著（無繁中版）

https://onlinelibrary.wiley.com/doi/abs/10.1111/1467-9817.12269

《為什麼這樣工作會快、準、好：全球瘋行的工作效率升級方案，讓你的生活不再辛苦，工作更加省時省力》查爾斯‧杜希格（Charles Duhigg）著，大塊文化

https://www.journals.uchicago.edu/doi/abs/10.1086/691462

《Instant Motivation: The Surprising Truth Behind What Really Drives Top Performance》查塔爾‧伯恩斯（Chantal Burns）著（無繁中版）

《正向思考不是你想的那樣：講你動力滿滿、務實逐夢的動機新科學》歐廷珍（Gabriele Oettingen）著，天下文化

《成功不再跌跌撞撞》艾瑞克‧巴克（Eric Barker）著，天下文化

《象與騎象人：全球百大思想家的正向心理學經典》強納森‧海德（Jonathan Haidt）著，究竟

《刻意練習：原創者全面解析，比天賦更關鍵的學習法》安德斯‧艾瑞克森（Anders Ericsson）、羅伯特‧普爾（Robert Pool）著，方智

《專一力原則：「一心一用」戰勝拖延 × 提高效率 × 改善關係，重獲職場與生活時間主權》戴芙拉‧札克（Devora Zack）著，寶鼎

┃ 第 4 章

《上班前的關鍵 1 小時：為什麼成功的人比別人早 1 小時起床？只要每天早晨做這 6 件事，就能徹底改變你的工作和生活！》哈爾‧埃爾羅德（Hal Elrod）著，平安文化

《The 5 AM Club: Own Your Morning, Elevate Your Life》羅賓‧夏瑪（Robin Sharma）著（無繁中版）

TED Dolly Chugh: How to let go of being a "good" person and become a better person

https://www.ted.com/talks/dolly_chugh_how_to_let_go_of_being_a_good_person_and_become_a_better_person/transcript

《自律神経をリセットする太陽の浴び方》有田秀穂 著（無繁中版）

《真正的快樂處方：瑞典國民書！腦科學實證的健康生活提案》安德斯‧韓森（Anders Hansen）著，究竟

《運動改造大腦：活化憂鬱腦、預防失智腦，IQ 和 EQ 大進步的關鍵》約翰・瑞提（John J. Ratey）、艾瑞克・海格曼（Eric Hagerman）著，野人

https://positivepsychology.com/neuroscience-of-gratitude/

https://www.nhk.or.jp/kenko/atc_1133.html

《The Sharpbrains Guide to Brain Fitness: How to Optimize Brain Health and Performance at Any Age》艾華路・費南迪茲（Alvaro Fernandez）、高德伯（Elkhonon Goldberg）、帕斯卡爾・米切隆（Pascale Michelon）著（無繁中版）

http://news.bbc.co.uk/2/mobile/uk_news/magazine/8233850.stm

https://www.sciencedaily.com/releases/2009/09/090901082851.htm

《好奇心的幸福力量》陶德・卡什丹（Todd B. Kashdan）著，橡實文化

《スタンフォード式 疲れない体》山田知生著（無繁中版）

《The Sleep Revolution: Transforming Your Life, One Night at a Time》雅莉安娜・哈芬登（Arianna Huffington）著（無繁中版）

https://www.bustle.com/p/7-times-you-should-never-take-a-nap-no-matter-what-67601

https://www.health.harvard.edu/mind-and-mood/napping-boosts-sleep-and-cognitive-function-in-healthy-older-adults

https://kaken.nii.ac.jp/ja/file/KAKENHI-PROJECT-18603010/18603010seika.pdf

《生時間：高績效時間管理術》傑克・納普（Jake Knapp）、約翰・澤拉斯基（John Zeratsky）著，天下文化

https://www.healthline.com/nutrition/caffeine-and-exercise

《我的混亂，我的自相矛盾，和我的無限創意：讓創造力源源不絕的 10 個密碼》史考特・巴瑞・考夫曼（Scott Barry Kaufman）、卡洛琳・葛雷高爾（Carolyn Gregoire）著，寶鼎

《24 小時身體使用手冊：規劃個人專屬生理時鐘，達成健康且高效的每日生活》長沼敬憲著，商周出版

https://www.mayoclinic.org/healthy-lifestyle/nutrition-and-healthy-eating/in-depth/caffeine/art-20045678

《誰說選擇是理性的：揭露選擇背後的真相，轟動學界與商界的經典之作》希娜・艾恩嘉（Sheena Iyengar）著，漫遊者文化

《最高睡眠法：來自史丹佛大學睡眠研究中心【究極的疲勞消除法】×【最強醒腦術】全世界菁英們都在進行的「睡眠保養」》西野精治著，悅知文化

《Making a Good Brain Great》丹尼爾‧亞曼（Daniel G. Amen）著（無繁中版）

https://blog.trello.com/why-you-cant-focus-on-anything-plus-how-to-fix-it

｜第 5 章

https://studyhacker.net/screen-breathing

https://www.pretty-online.jp/news/1804/

《深度數位大掃除：3 分飽連線方案，在喧囂世界過專注人生》卡爾‧紐波特（Cal Newport）著，時報出版

《拯救手機腦：每天 5 分鐘，終結數位焦慮，找回快樂與專注力》安德斯‧韓森（Anders Hansen）著，究竟

https://mainichi.jp/articles/20210103/k00/00m/040/167000c

《情緒大腦的祕密檔案：從探索情緒形態到實踐正念冥想》理查‧戴維森（Richard J. Davidson）、夏倫‧貝格利（Sharon Begley）著，遠流

《姿勢決定你是誰：哈佛心理學家教你用身體語言把自卑變自信》艾美‧柯蒂（Amy Cuddy）著，三采

TED Marily Oppezzo: How Can Taking A Walk Spark Creative Ideas?

https://www.npr.org/2019/05/10/719573708/marily-oppezzo-how-can-taking-a-walk-spark-creative-ideas

https://www.itmedia.co.jp/bizid/articles/1311/05/news023_2.html

https://www.lifehacker.jp/article/111201gumeffect/

https://www.bustle.com/wellness/a-fake-commute-could-be-the-answer-to-wfhs-biggest-pitfalls

TED Mihaly Csikszentmihalyi: Flow, the secret to happiness

https://www.ted.com/talks/mihaly_csikszentmihalyi_flow_the_secret_to_happiness

《Stealing Fire: How Silicon Valley, the Navy SEALs, and Maverick Scientists Are Revolutionizing the Way We Live and Work》史蒂芬‧科特勒（Steven Kotler）、傑米‧惠爾（Jamie Wheal）著（無繁中版）

24小時全為己所用

以「心靈滿足」為目標的時間管理法

作　　者｜池田貴將 Ikeda Takamasa
譯　　者｜黃薇嬪
發 行 人｜林隆奮 Frank Lin
社　　長｜蘇國林 Green Su

出版團隊

總 編 輯｜葉怡慧 Carol Yeh
日文主編｜許世璇 Kylie Hsu
責任編輯｜許芳菁 Carolyn Hsu・高子晴 Jane Kao
責任行銷｜朱韻淑 Vina Ju
封面裝幀｜柯俊仰
版面構成｜黃靖芳 Jing Huang

行銷統籌

業務處長｜吳宗庭 Tim Wu
業務主任｜蘇倍生 Benson Su
業務專員｜鍾依娟 Irina Chung
業務秘書｜陳曉琪 Angel Chen・莊皓雯 Gia Chuang

發行公司｜悅知文化　精誠資訊股份有限公司
　　　　　105台北市松山區復興北路99號12樓
訂購專線｜(02) 2719-8811
訂購傳真｜(02) 2719-7980
專屬網址｜http://www.delightpress.com.tw
悅知客服｜cs@delightpress.com.tw
ISBN：978-986-510-210-4
建議售價｜新台幣360元　　　　　首版一刷｜2022年04月

國家圖書館出版品預行編目資料

24小時全為己所用 / 池田貴將著；黃薇
嬪譯.-- 初版. -- 臺北市：精誠資訊股份有
限公司, 2022.04
　　面；　公分
譯自：タイムマネジメント大全：24時間
すべてを自分のために使う
ISBN 978-986-510-210-4（平裝）
1.CST: 時間管理 2.CST: 生活指導

177.2　　　　　　　　　　　111003775

建議分類｜商業理財